蔡曉林 著

# 微物誌

現代日本的15則物(もの)語

# 推薦語

作者以日常生活中的「物」為切入點，藉著她敏銳的觀察，讓讀者看到了日本近現代歷史非常立體的一幅幅圖像，並從中認識許多歷史發展與當下社會的連結。在許多探索日本社會文化的作品中，此書難得的具有歷史的縱深，又兼顧當代的意義。每一位對日本社會文化有興趣的讀者，都能夠在此書中找到驚喜和樂趣。

——國立政治大學歷史學系助理教授　藍適齊

作為東亞極少數的親日國，臺灣早已有許多以日本之名的出版品流通市面，以滿足一般大眾對這個東洋島國的綺麗幻想。但是，這些書籍中所呈現的日本，卻不免有許多坊間既定的刻板印象，或是為了迎合「哈日」的喜好，而一味歌頌所謂日本文化、日本精神。而像《微物誌——現代日本的15則物語》一樣回歸歷史脈絡，細緻看待文化物與文化現象的著作，實在珍貴。

作者蔡曉林留學於東京大學情報學環，其指導教授吉見俊哉，是日本當前極重要的社會學者，同時也是前東京大學副校長。而身處吉見研究室，勢必也令曉林得以浸淫在日本最前沿的研究成果，也能以更具深度的眼光看待當下日本的各種社會與文化現象。所以在《微物誌》當中的日本，既免去了過度美化的虛幻，也有著對資本主義的警覺，同時亦將日本知識界的進步觀點用深入淺出、清晰明確的筆調，普及給一般讀者。

臺灣與日本的關係，無論是過去或現在，都確實相當地緊密，這不是也不該一概地以「親日」或「反日」這樣的二元對立觀點來理解。《微物誌》以實體的「物」出發，朝向抽象而深邃的思考，併陳物事的正反兩面觀點，也巧妙地掌握了其中平衡。而透過此書，讀者當有機會將之作為導引，從初階的「哈日」、「親日」走向更高端的「知日」。

——文學寫作者　盛浩偉

# 推薦序

# 一本關於軟硬曖昧的文化社會學之書

蘇碩斌

探索日本社會的書很多，取名《微物誌》的這本書，有何價值？雖然翻開就是牛奶糖、然後巧克力等等都是輕鬆的事物，可是這書以輕鬆開始、絕非以甜美結束。那麼讀進字裡行間會是什麼？我看到的關鍵，是文化社會學的角度。

所謂文化社會學，並不特指一種學術專科，而更是一種觀察生活習俗的眼力，可以更深、更廣地看到表層蘊含了諸多社會勢力的交錯。文化一字的意義，其實由淺到深頗為複雜。英國思想家Raymond Williams說「文化是人類社會最複雜的幾個字之一」，因為這個來自西方culture的字源變化，可以是指普遍的人文精神、可以是精緻的藝術產物，也可以是獨特的生活方式。

亦即，文化並不只是很高級、有氣質、真美麗的事物，更應該要注意，文化是一群人長期互動而留存下來的最必要、最根本的生活產物。或許稱不上菁華，不過絕不能視為糟粕。借用京都學派代表人物戶坂潤的名句，「風俗是社會的皮膚」，就是這種視角的鮮活比喻。能從皮膚看出症頭，就會知悉社會本質是鬱積或通透。

文化社會學的想像力，就像看到皮膚異狀便想求助外科手術醫師或摸骨師，是因為期待知道人的整體生存境遇。本書顯然是對日本文化有感而發，進而觀察、思考的成果。書中的巧克力，是用來觀察吃慣金平糖的日本人何以戰後爆發為衷愛巧克力的國度？答案既然不可能是日本人味蕾改變，就必須潛入日本人社會的幽暗歷史。

構成本書的十五個小章節、四個大時代架構，就透露本書皮膚與骨肉的深意。十五個小章節是「微物誌」的卡司，萃取自日本人生活世界的流行物，具有稀鬆平常的軟嫩。然而四個大時代，卻代表日本戰後政治經濟的挫敗、重生、泡沫、崩壞、停滯，乃是無力頡頏的堅硬。在戰敗最痛的硬日子裡，日本如何能無損尊嚴地活下去，確有一種矛盾卻又必要的詭譎。

日本是最專精於自我討論的國家。日本書店永遠有一種「日本論」及「日本人論」的專書整櫃擺著，不斷集體探索自身的本質與命運。而日本也熱切閱讀外國人的日本論，一九四六年Ruth Benedict著名的《菊花與劍》，就由電影、戲劇以及長聊，觀察到日本兼備恩情與義理的複雜國民性格。戰後日本的曖昧更加深化，既要承擔恥辱地尊奉天皇，還要痛在心底地親愛美國，這種心性竟又發展出全球最傲人的經濟動能。屢屢夾在恥辱與榮光之間，真是詭譎難解的文化現象。

這本《微物誌》透過觀察小小的「物」，具體而微分析了日本的糾葛。由一位在日本習得文化社會學視角、來自與日本歷史深深糾葛的台灣之年輕學者寫出來，旨趣更是豐富。各篇章中，每個輕軟的文化現象都受到審慎的尊重，作者引證大量厚實的學術內容，卻不會沿路掉書袋，篇篇都用心在解釋日本文化。日本絕對不是甜甜的，這本書會愈讀愈堅硬，最終並可能會有一種傷感的錯覺，以為這裡是將要到來的台灣社會。

＊蘇碩斌，國立臺灣大學臺灣文學研究所教授。

# 自序
# 牛奶糖
## 開啟日本的多面想像

蔡曉林

對許多人來說，森永的牛奶糖是童年難忘的回憶。熟悉的黃色包裝盒，還有那股濃厚的焦糖味，都散發著強烈的懷舊感。

森永製菓的焦糖牛奶糖於一九一四年的夏日發行，屬於最先進軍日本的西洋甜食。更早之前，創辦人森永一太郎先是在美國學習製作糖果的技術，再帶回日本，最初銷售給在日本的外國人或者像是福澤諭吉這種從海外歸來的日本人。為了適應日本的氣候，森永一太郎也再加以改良，並將罐裝改為盒裝，以便攜帶，森永牛奶糖便成了我們所熟悉的模樣。到了一九三〇年間，焦糖牛奶糖開始販售至日本各個殖民地，包裝盒上寫著「祈武運長久」的字眼，原本只是受孩子們喜愛的糖果，頓時成為士兵的慰問品，也變成戰爭的宣傳工具。森永牛奶糖的歷史已長達百年，它不但是目前少數依然保有創始標誌的森永商品，也是日本每每提及大正、昭和年間的「鄉愁情懷」時，經常出現的代表物。

在我的眼中，日本就是一個這麼有趣的國家：牛奶糖並非源自於日本，卻在日本發揚光大，甚至成為許多人最早的日本印象。當然，在這個過程中，全球資本、飲食控管與宣傳之角逐都產生了影響，當然，牛奶糖在各個時期與地區也都有不同的意義，但或多或少都還是帶有那麼一點「日本性」。然而若說到日本的傳統點心，各種具有濃厚日本味的和菓子也不遑多讓，在一路強調西化的近代日本中，已發展出一套獨特又符合商業邏輯的特色——好像不論是現代還是傳統，日本都能找到平衡，兼容並蓄，遊刃有餘。

與我同世代的台灣人對於日本文化並不陌生。我們從小含著森永牛奶糖，童年也看過吉卜力工作室的作品與各種動漫文化、背誦平假名與片假名試圖跟上日文卡拉OK的旋律；書店陳列著日本的翻譯小說和最新一期的時裝雜誌、街頭處處可見日本料理；從影劇或遊戲中，我們可能知道日本曾經歷過精彩的戰國時期，在幕府末期一群志士又是如何將這個國家從崩壞的邊緣解救出來，成功地讓日本成為亞洲第一個現代化的民族國家。我們對於日本的大眾文化耳熟能詳；有時也在台灣的作品中看見殖民關係中複雜的台日情結，以及日本帝國最終在戰場上敗亡的命運。日本是這麼地近，卻又這麼地遠。

當我第一次前往日本旅行時，腦海中浮現了一連串的問題：日本為何成為亞洲最快進入現代化的國家，並且在短短二三十內達到歐洲花了幾百年才達到的水平？走向全面西化後的日本，又是如何完善地保存了自身的傳統？即使日本最終走向法西斯主義與戰爭，戰敗之後，卻能以神速重新站起來，現今我們日常生活中的汽車、照相機等，將近七成以上是由日本的公司所發售。這個創造了森永牛奶糖的國家，當年如何利用西方的技術與行銷手法做出這麼成功的商品？當這些問題在腦中打轉時，我就想來日本一探究竟。當然，這些議題已有堆積如山的精緻的學術討論，但我還是想親自以真實的生活經驗尋找答案。

為此，我有幸進入東京大學情報學環吉見俊哉老師的門下學習。情報學環是一個相當特別的系所，相較於東大其他歷史悠久的學院，這個系所只有十幾年的歷史，它的前身為人文社會學院裡的新聞學研究室，近年不斷革新，成為日本關於媒介、文化研究以及情報科學的重鎮。我在這裡既是延續西方人文社會科學的思維方式，也接觸到日本特殊的學術方法，並在吉見老師的研究室裡學到如何適當運用歷史脈絡去發揮理論性的想像力。在這裡的研究室，老師們總是愛問：「你到底想要說什麼？」找到豐富的資料後，如何透過前人的研究成果、理論性的知識以及自己的想像力去解釋這些經驗現象，這才是最關鍵的。這樣的思考方式，也成為我吸收知識、觀察日常生活時的重要養分。

同時，作為一位在日本生活的「他者」，我也發現先前對日本的了解過於片面，尤其是關於戰爭以及戰後發生的事，可能未曾加入日本本土的視角。例如我們可能依稀知道戰後日本由美軍接管，但到了日本之後，我才驚覺這件事情對當代日本的影響究竟有多深；我們也多少聽過日本戰後曾有大規模的學生運動，但安保與全共鬥之間的差異又是什麼？當人們將日本學運與台灣學運相互比較時，是否也曾探究為什麼學運在日本走向衰敗？又或者有一次我在京都遇見一個女生對我說：「我們（指韓國與台灣）都是被日本害的」，此時我才意識到原來存在著「在日韓國人」這樣的群體，並進一步想到他們的處境。

於是這一本書就這麼誕生了。除了一般習慣以人物、政策或者重大事件等切入點去看歷史，我開始想，其實物件也是會說話的，每個物件背後都有它們的故事，也影響了人類的歷史。近來學術研究亦有採取「作為媒介的物件」或「能傳遞訊息的物品」等等這種媒介研究的角度，所以我開始想，或許可以從這種視角，以比較輕鬆的方式去看看這一段我們或許沒有那麼熟悉的過往。

二戰結束後，美軍佔領了戰敗國日本並展開一連串改革，遠在南端的沖繩也從此生活在軍事與戰爭的記憶中；同時，關於戰爭論述的辯證，包括靖國神社的爭議等等，開始引發討論。此時，一群曾經被歸類為日本人，卻因戰爭結束而失去國籍的族群也在日本留了下來，他們的存在，時時刻刻提醒著日本這段沉重的過去。

不過日本很快就擺脫戰爭的陰霾，步入高度成長的年代。各地開始興建鐵路與大型設施，並且配合著東京奧運與大阪萬國博覽會等大型國際活動進行都市改造，也建立起日本作為一個新的國家的民族自信。另一方面，日本的市民社會逐漸萌芽，六〇年代爆發了安保鬥爭，接著是由學生主導的新左翼全共鬥運動，寫下了熱血的一頁。在抗爭邁向尾聲時，日本的經濟快速成長，此時被視為日本軟實力的動漫產業逐漸蓬勃，大學與高等教育也大量擴張，為社會發展奠定了基礎。學生畢業後參與就職活動，爭相進入發達的產業，準備為家庭、為公司，也為國家奉獻生命。

隨後進入第二個千禧年，日本因為泡沫經濟一蹶不振，而資本主義衍生的人我疏離，也使尼特族與獨居長者日益增加；在這種低迷的氛圍下，二〇一一年發生了東日本大地震與福島核災，社會受到巨大衝擊，也給日本帶來反思與改變的契機。二〇一五年，逐漸走出地震傷痛期的日本，在安倍內閣領導下，打算修改憲法第九條出動自衛隊的規約，引起國內外熱議。這是二戰後的七十週年，日本踏出這一步，可說是在不確定的未來，搶先亞洲甚至是全世界，先下了一步棋。然而棋局將會怎麼走，仍有待時間解答。

本書大約按照這樣一個粗淺的時序脈絡，試圖呈現日本戰後至當代大略的輪廓。當然每個議題都有更多可延伸討論的面向，亦非簡單的線性敘事可以概括，然而書中仍標出了大致的時間軸以便讀者閱讀。只是各篇的主題其實跨越很長的區間，同時為求脈絡的完整性，部分篇章涉及的時間向度超出了時間軸的設定，甚至向前延展到日本的戰前史，也在此先向讀者說明。此外，我也希望可以透過更寬廣的角度去看待戰後至當代的日本。本書雖然講的是日本，不過許多議題橫跨現代國家的邊界，因此我也盡量將日本周圍的國家，例如台灣、韓國、中國，遙遠的美國，甚至是東南亞等，一併納入書中的討論。

本書取名「微物誌——現代日本的15則物語」，取意自每篇正文前特別用一個「物件」開場，呈現一種「以小窺大」的另類微觀視角。而「物語」一詞在日語中意指「故事」，就本書而言，同時也具有雙關義，「物語」也可以是一種隱身於「物」自身的話語。我期待從這些生活中看似微觀的物，能開啟我們對於日本——甚至是台灣，或者這個世界——一些更多元與宏觀的想像。

這本書有幸出版，實在需要感謝太多的緣分與貴人。首先，我要感謝每一位為這本書推薦的人。謝謝李衣雲老師、顏杏如老師、藍適齊老師、蘇碩斌老師為這本書推薦，以及在我的學習之路上給了我非常多鼓勵與意見。

最早鼓勵我在「轉角國際」投稿的吳璠，如果不是妳當時的鼓勵，我也不會得到這個機會。感謝轉角的張鎮宏主編，謝謝你為我在轉角的文章多次潤飾，給予我寫作與思考上的指引。感謝盛浩偉學長讓我在日本第一年的生活豐富了許多，也開啟了我對於理論以及日本研究的興趣。也要感謝陳建守與涂豐恩兩位學長，是你們將我帶進「故事×說書」的團隊，也是因此在一個巧妙的因緣際會下，這本書才得以出版，也謝謝陳建守學長提出了以「物」為起點的想法，造就了這本書的架構。

我也要感謝為我的文章提供意見與指教的朋友們，黃宏瑞除了在許多章節都給我細節上的導正，並補足我所遺漏的地方，此外對於〈零式戰機〉、〈模型〉兩篇的批評指正，也提供了我從未想過的視角。同樣地，也十分感謝黃竹佑與馮啟斌對於沖繩〈扶桑花〉一篇，為準備不足的我提供許多寶貴的指教，黃竹佑也為我修正了不少翻譯的文句。〈零式戰機〉一文的草稿則要感謝王樂與安琪兩位朋友的意見，以及林彥瑜在最後一篇〈麥克風〉中對於事實確認的校閱，並且建議我加上一些觀點以作全書總結。感謝為我提供許多靈感與資料的林祈佑與Dennis、感謝替我借書、查資料的江佩津、林意仁、何韻亭與吳若彤，感謝與我一起討論書名與設計的張平、洪漢唐與武陵，也無比感謝洪美怜與陳海茵兩位願意與我分享妳們的人生經驗。

最後，我要感謝編輯伊庭給了我一個這麼珍貴的機會，並且一路上成為最佳的夥伴。謝謝妳專業的態度與視角，才造就了這本書。感謝爸爸媽媽的支持，尤其爸爸仔細讀過後，給予不少文字上的修正，也不時給我建議。感謝我的伴侶張顥瀚，除了反覆地為我的文章修改、適時地給予我關於文章的意見，更謝謝你一路上的扶持。感謝所有與我討論過本書任何一個部分的人，你們的參與，都是這本書寶貴的養分。

# 目次

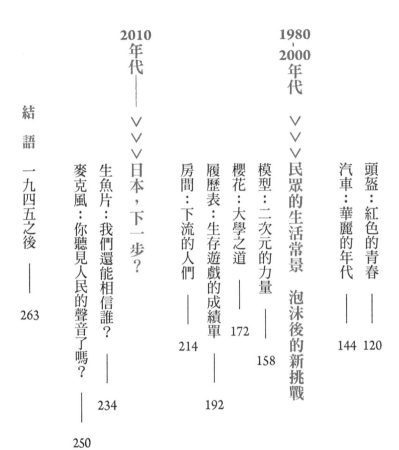

# 1945-1950年代

## >>>從戰敗的廢墟中重生

# 巧克力

## 暴力的甜味

日本或許是最熱愛巧克力與甜食的國家之一。曾有綜藝節目的數據顯示，在二十至六十五歲的年齡層間，高達百分之九十七的日本人喜歡巧克力。除了進口之外，日本國內甜食產業也相當興盛，森永製菓牛奶糖、明治巧克力等產品的歷史都將近百年以上，

是不少亞洲孩子童年最甜美的記憶。

儘管甜食令人喜愛，然而如同羅蘭・巴特論及攝影時所說，由於糖將人們的味覺填滿，使人只能感受到被唯一的甜味充滿，而無法容納其他感官的感受，因此甜味亦可謂一種暴力的形式。對於日本這個國家而言，甜味這個味道則是來自於真實的「暴力」。

我們或許可以試著想像一個畫面：戰後的日本，曾經繁華的大城市已經被空襲炸為灰燼。飢餓的孩童們走在街上，看到膚色不同的陌生人朝向他們揮手，並且給了他們一個深色的長條狀物，說著他們聽不懂的語言。一個孩子可能因為真的太餓了，即使有一些戒心，還是吃了陌生人給的食物。吃著吃著，發現甜甜的味道，而且很有飽足感，對於飢腸轆轆的孩子來說簡直是救命的救星。不久，孩子們便群聚在這些外國人身邊，學著他們所說的語言，也跟著一起說：「給我巧克力吧！」（ギブミチョコレート）

這樣的歷史事實，隱含的可以是更大的歷史想像：那些孩子來自戰敗後奄奄一息的日本，而給予他們糖果的則是前一日還是頭號敵人的美國。然而戰後以來，美日之間也並不是一方贈與、一方接受恩惠如此單純的單向關係，而是受到利害關係、經濟力量以及難以言語的情感所牽動。

雖然，在日本這個人人喜愛巧克力的國家，巧克力於戰前就已出現，明治巧克力當時還在台南的麻豆設置工廠，巧克力無論在殖民地台灣還是母國日本，都相當受到歡迎。不過現在多數日本人對於巧克力的印象仍源自一九四五年戰後來到日本領土上的美國人。這批外國人除了帶來巧克力的美好滋味，也帶來了對日本的深遠影響。

## 敗北的滋味：佔領下的日本

第二次世界大戰末期，日本先是在廣島、長崎被美軍轟炸了兩顆原子彈，一九四五年八月十五日，昭和天皇透過廣播「玉音放送」宣讀《終戰詔書》。同月三十日，由號稱「東亞王」的麥克阿瑟將軍帶領一批軍隊於橫濱登陸，進行長達七年的「佔領時期」，揭開了戰後日本如戲劇般發展的序幕。

據說得知戰敗的日本民眾，聽聞他們的國家要被他國「佔領」，不光是感到恥辱，更多的是恐懼。在此之前，日本從未被外國勢力佔領，日本人想像迎接而來的將是無數人民被殺戮、婦女被欺凌，日本自現代化以來擔憂已久的命運終於要來臨：這個已經殘破不堪的國家，即將要被他國「殖民」了。

其實，對於怎麼處理身為戰敗國的日本，同盟國一開始並不是只打算交給美國接管。根據波茨坦宣言，日本原先如同德國一般，要被瓜分給盟軍，由美國掌管關東與中部日本、蘇聯負責北海道與東北、四國由中國（當時為中華民國）管理，九州及中國區域則被分派給英國。不過，最後這個計畫並未獲得採用，而是除了北方四島由蘇聯取得，英國在中國區域、四國具統治權力之外，整個日本領土幾乎都交到美國手中。關於這個瓜分方案為何最後沒有落實，眾說紛紜。從當今的眼光來看，也只能說是歷史的一個轉折，就此改變日本的未來。

獲得掌控日本權力的美國，首先建立了「盟軍最高司令官總司令部」（原文為General Headquarters，一般簡稱於ＧＨＱ），該組織首要的目的即是清算戰爭責任，以及「重建」日本。在抵達日本的短短幾天之內，美軍立即逮捕了幾位與日本軍國主義相關的人物與嫌犯。首要戰犯是當時日本的首相東條英機，在自殺失敗後遭到美軍俘虜，後於東京大審判與其餘七位甲級戰犯被處以絞刑。

其中有一位曖昧的人物令美國相當困擾，即裕仁天皇本人。當時美國的輿論普遍認為天皇是日本戰爭罪刑的罪魁禍首，理應被判死刑，撫平民怨。但是，麥克阿瑟做了一個堅決的選擇：他向美國總統杜魯門報告，考量日本文化中天皇特殊的地位與象徵意義，並不能將天皇視為戰犯，否則後果難以收拾。麥克阿瑟給了昭和天皇一張免死金牌，並且利用天皇在日本獨有的形象，來達成他改造日本的使命。他與裕仁天皇最著名的合照充分象徵了日本與美國的關係：表面上平起平坐的麥克阿瑟將軍與矮小的裕仁天皇——而這也預言了自此以後，日本與美國曖昧的權力地位。

在清算前敵軍的罪刑之餘，來到日本的美軍還有更艱難的任務：重建日本。日本作為非西方首度現代化的國家，從明治至戰前昭和時期的文化積累與現代化的建設，幾乎在第二次世界大戰中被摧毀殆盡。日本在投降前早已民不聊生，戰爭結束後更是殘破不堪，除了被原子彈殲滅的廣島與長崎，幾乎各地都飽受空襲摧殘，首都東京更是被炸為一片平地。從戰爭中倖存的平民們，即使終戰後可以免於空襲之危害，死亡的威脅卻沒有停止。大量的貧民死於飢荒，糧食的不足也讓著名的「黑市」（ヤミ市）興起，今天成為觀光景點的上野阿美橫丁，即是戰後初期著名的黑市之一。

戰後的美日關係，最常藉由性別隱喻。在投降的三天後，日本開始著手籌辦慰安所。由於日本自知自己的軍隊曾經如何對待殖民地的慰安婦，他們可想而知陌生的美國軍人來到日本時會發生什麼事情，試圖做好萬全的準備。在美軍佔領時期，日本各大城市中的花街柳巷都是服務美軍的女性性工作者。到了一九四六年，美國為了防止性病的擴散關閉了慰安所，這些失業的女性便轉行成為獨立的應召女郎，俗稱「攀攀女郎」（パンパン）。這些女性的存在，對於許多日本人來說是國家恥辱最活生生的代表：這個國家正在被異國強姦，毫無尊嚴。

除了建設與物質層面之外，GHQ更重要的任務是要在日本進行徹底的言論管制，將日本的帝國主義思想斬草除根，貫徹民主主義的精神，使得軍國主義在日本永遠不得復辟。文藝評論家江藤淳認為，美軍認為日本人並沒有為發動戰爭感到愧疚，言論管制是要讓日本人為自己國家的戰爭罪行感到罪惡感的宣傳政策。多數的美國軍人不諳日文，因此雇用了大量的日本人進行檢閱作業。除了各家報紙如《朝日》、《讀賣》、《每日新聞》需要事前檢查之外，信件、電話的內容也都有可能受到民間檢閱隊的檢查，以求全面性消滅反佔領與舊帝國主義式的訊息。然而當時美國並沒有明確向日本媒體規範哪些言論是被管制的，因此報社、新聞台等，也只能憑著自己的判斷出版可能不會被禁止的內容。弔詭的是，美國並不是第一個在日本進行如此激烈言論管制的政府，他們的做法與戰前日本軍事政權如出一轍。[1]

在制度的層面上，日本自明治維新時建立的「大日本帝國憲法」也被美軍廢除，改立新的憲法。最有名的「憲法九條」，或稱「和平憲法」，便是由麥克阿瑟制訂。其內容大意為：「日本國民衷心基於正義與秩序的國際和平，永久放棄發動戰爭、武力威脅以及以行使武力解決國際紛爭的權利」。關於這條憲法，有很多不同的解釋，也引起沸沸揚揚的爭議，而這個爭議也一直持續到了今天。

## 佔領之後：從夏威夷到迪士尼

經過長達七年的佔領期，一九五二年簽訂的《舊金山條約》意味著日本重新回歸獨立，除了沖繩基地之外，大部分美軍都離日本而去。即使肉眼看不見美國人在街上到處行走，美軍以及美國所帶來的衝擊與文化並沒有因此遠離，反而以其他形式更加根深蒂固地植入日本社會，如同吉見俊哉所言，「如今美國不再是暴力脅迫的他者，而是得以融入（日本）自身消費慾望的他者。」佔領時期貼近日常的直接暴力

1 在戰爭期間的日本，所有新聞、廣播節目都需受到政府的審查，內容必須遵從一定的「愛國」論調。

消散了，美國的形象逐漸改由大眾文化的形式，繼續深入日本人的心中，成為富裕的象徵。

隨著韓戰爆發，日本在美國的亞太政策當中成為關鍵性的角色。為了防止共產主義擴散，美國也對日本投入更多的經濟援助，不但將日本設為亞太軍事基地，還間接促進日本經濟奇蹟式地起飛。日本被美國視為亞洲最重要的盟友，美日之間也簽訂了安保條約。這個安保條約，分別牽動了一九六〇年代，以及二〇一〇年日本社會價值觀上的巨變。

當然，作為曾經的敵國，美國在日本也並非總是受到歡迎。一九六八年的安保抗爭是一個著名的例子，此外在美軍基地，抗議的聲音也層出不窮。不少日本人認為，日本原本的精神與文化，已經在美國的治理與控管下消失，現今的日本只是美國在亞洲的傀儡罷了。這種想法催生了激進的民族主義，其中一個著名的例子是作家三島由紀夫，他信奉著日本的武士道精神，並且認為日本的精神已經被美國摧毀殆盡。他於學生運動風起雲湧的時候組織了自己的軍隊，誓死保衛天皇。三島帶領著他的隨從綁架了陸軍總監益田兼利，於陽台發表激烈的演說之後，以傳統武士道的方式切腹自盡。

反美的勢力以及左翼運動的激進化，使得他們在民眾之間得不到有力的支持。

隨著經濟起飛，大眾更願意跟著美國邁向更好的生活，被日本大眾想像的美國，持續地在消費文化中展演。一九七〇年旅遊活動興起後，日本人對於美國的喜愛，也體現於其中。相較於美國本土，作為度假勝地的夏威夷更受日本人青睞。這個作為美國領土邊陲的列嶼，實際上早在大戰開打前就與日本具有深厚淵源。二十世紀初，日本為了減少人口壓力曾一度產生移民潮，許多人當時選擇了夏威夷。即使這批移民者的子孫未必仍保留日本的語言或者文化，今天的夏威夷仍能處處以日語溝通，對日本人來說，減輕了出國需負擔的額外壓力。

到了一九八三年，華特迪士尼選擇東京作為首座美國境外、同時也是亞洲第一個迪士尼樂園的基地。迪士尼樂園於東京（實際上為千葉縣）開幕，此時可謂美國文化發揚於日本的巔峰，甚至裕仁天皇本人都親自蒞臨開幕儀式。東京迪士尼的設立可謂日本真正步入了後現代社會，日本民眾不需前往美國本土即可以感受到這個國家的強大，據說一名日本女性遊玩過迪士尼樂園後嘆道：「我終於知道為什麼我們敗給美國了。」迪士尼的夢幻泡影，映照出日本另類的美國夢，那個夢不完全讓他們真的想移民到這塊大陸追求夢想，而是接近無意識地把美國與富裕、幸福、夢想等關鍵字劃上等號。

## 巨大的美國陰影與庇護

美國歷史學者John Dower的書名《擁抱敗北：二次大戰後的日本人》精闢地道出佔領時期以來的日本：日本接受了戰敗的事實，並且透過與戰勝國美國的「擁抱」，遺忘了過去，同時也面向未來。美國成了日本戰後以來的最佳盟友，也是最佳的保護傘。

經常被外國投以東方主義式窺看的日本，地理位置孤立，又以不善與外國溝通聞名，彷彿這個國家遺世而獨立，種種文化與行為都被加上各種異國的想像。外界對於日本歷史最普遍的認識，就是日本經歷明治維新的改革後煥然一新，晉身現代國家，不過在走向進步與富裕的同時，也落入帝國主義的深淵。然而，若需要瞭解戰後至當代的日本社會，絕對不能忽略日本與鄰國之間沉重又緊密的關係；而美國在此間扮演的角色則舉足輕重。[2]

---

[2] 冷戰期間，美國不僅掌控了日本，也拉攏南韓和台灣，成為資本主義社會對抗共產主義國家（中國、北韓與蘇聯）的重要盟友。冷戰結束後，美國仍然在日本部分地區（主要為沖繩）和南韓等地駐軍，對東亞政治版圖影響甚深。

今日的日本，又是什麼樣貌呢？日本從接受美國施捨的巧克力，到揮去戰敗的慘痛記憶與困苦的經濟成長，如今，巧克力不但成為普及的國民甜食，日本更開發出自己獨特的巧克力口味，以及明治巧克力等知名品牌。曾有人開玩笑說，日本戰後以來最大的「內戰」是在一九八〇年代，由明治製菓所推出兩個分別以香菇以及竹筍為模型的巧克力產品之間，產生了各自的愛好者所引發的「菇派」與「竹筍派」的相爭（きのこたけのこ戦争）。當時這樣幽默的論戰無論在民間或者大眾文化中，都產生了活潑的效應，也反映出這個國家的人民對於巧克力的執著與喜愛。如此風行的日本巧克力，現在已暢銷世界各地，甚至「反攻」回美國。

我們可能對於這個國家處於消費主義、現代性，以及傳統價值之間，卻能達到精準的平衡而讚嘆，然而若仔細檢視日本的消費主義以及生活方式，例如每逢各個西洋節慶如萬聖節、聖誕節時的狂熱究竟源於何處，西方帶來的影響又是如何深入日本文化，這背後的歷史脈絡其實同樣值得我們反思。

二十世紀後半以來的日本便是這樣的國家：一面背負著沉重的歷史罪惡，一面朝向消費社會的先端馳騁；從灰燼中重生，背後卻籠罩著巨大的異國陰影，揮之不去。

# 零式戰機

## 難以面對的過去

改編自百田尚樹原著小說的電影《永遠的零》二〇一三年上映時，在日本造成大轟動。故事敘說著一對不熟悉歷史的日本年輕兄妹，因緣際會開始尋找當年親生外祖父在戰場上的軼事，進而瞭解當年身為零式戰機優秀駕駛員外祖父的事蹟，以及他最後志願

成為神風特攻隊而為國捐軀的故事。

這部電影蟬聯八週的票房冠軍，蔚為話題，零式戰機等日本與二戰相關的記憶也因此重新躍上檯面。零式戰機是大日本帝國海軍的軍機，由三菱重工業所製造，設計者為優秀的日本航空之父堀越二郎。「零式」的名稱取自該年為神武紀年二六〇〇年的後兩個「零」，它曾是世界頂尖的戰機，所向無敵。它的機體非常輕，能夠迅速移動，在戰場上無往不利。一九四〇年零式戰機首次登上中國戰場，遇到的第一批對手是志願為中國打仗的美籍飛虎隊。據日軍宣傳，當時的戰果是打下了敵方二十七架戰機，而日軍毫無損傷（實際上損失了一架戰機）。當時的美國將領陳納德立即發現這批戰機不可小覷，在戰役結束後趕緊通知英美多提防日本的新型戰鬥機，可惜這個情報並沒有受到重視。直到太平洋戰爭爆發，英美與零式交手後，才真正見識到它的威力，甚至一看到零式，最佳的戰略就是「走為上策」。

不過，一九四二年對於同盟國來說，是扭轉戰局的轉機。首先，一名零式駕駛員在阿留申群島進攻美軍航空母艦時被迫降落，駕駛員因頭部受到重擊而過世。依過往的戰略，日本海軍要求每一架零式戰機若被打下，則需加以射擊，使機身無法任敵軍拆解、從中獲取情報。然而這次的「意外」讓美軍得以藉此發現這架沒有重大損傷的零式戰機，進而解密找到它的弱點與致命傷。同時，日本軍方過度自信，相信永遠不會被打倒的「零式神話」；但忽略了零式的威力若少了優秀的駕駛員也只是徒有空殼，在戰爭後期日軍不斷損失優秀的飛行員，甚至展開「特攻」，眼看著一架又一架的零式戰機殞落，甚至被美軍嘲諷為「空中打火機」，最後整場戰爭終於宣告了日本的失敗。

可以說日本在這場戰爭中，成在零戰，敗也在零戰。在戰爭結束後，零戰仍然是許多日本人心目中戰爭期間最輝煌的象徵，就連設計者堀越二郎也在其著書中敘述零式戰機不單純只是西洋技術的複製，而是日本獨有的哲學與文化之產物。現今若想觀賞零式戰機的身影，埼玉縣所澤市有一座航空博物館仍然展示著零式的模型。另一個較為著名的地方則是軍事博物館「遊就館」的開放式展覽廳中，也能夠看見零式戰機五十二型以及當時其他軍武的英姿。而座落於博物館一旁的，正是當時許多沒能回家的零式戰機駕駛員的歸宿：靖國神社。

與零式戰機相關的論述與記憶，從來就不只是單純的飛機或者日本曾經叱吒風雲的標誌而已，如同硬幣的正反面，零式戰機的另一面背負著「殺人機器」的罪名，畢竟它在帝國主義戰爭中奪取了許多寶貴的生命。日本作為掀起戰爭的一方，無論是向為國而死的士兵或者將領哀悼、教育年輕一代歷史知識的方式等，都不再只是日本自己的事情，而是牽一髮就能引動亞洲複雜的國際情勢。

## 生者的戰場：靖國問題

在戰爭末期，不少身為「神風特攻隊」的駕駛員在零式戰機上互相道別時會這麼說：「我們靖國神社再相會吧！」在戰爭結束後，他們也確實成了靖國神社的一員。他們曾經乘坐過的零式戰機，仍然矗立在神社一旁的遊就館。這座位於東京都九段坂的靖國神社，至今仍然佔據了不少日本人的日常，尤其每逢春夏之際，不少人潮來此賞櫻。不過，這個神社不單單只是一個祭奉死者的場所而已，更是活著的人們對於歷史責任與外交爭議的主戰場。

二〇〇六年，日本當時的首相小泉純一郎於八月十五日，在日本稱為「終戰日」的這一天前往靖國神社做了短暫的停留，先是用自己的私款捐獻給神社，再留下了自己的名字與公僕身份的簽字：內閣首相小泉純一郎。對於小泉的舉動，亞洲與歐美各國媒體皆表示遺憾，甚至是憤怒，認為此舉意味著當今的日本並沒有誠實面對歷史、反省侵略暴行，甚至意味著軍國主義的復辟。小泉在他六年的任期中，每一年都參拜了靖國神社，二〇〇六年是他最後一次以首相的身份拜訪。小泉卸任之後，由於靖國問題已經成為國際敏感話題，時隔七年後，首相安倍晉三才再度於非終戰日的平常日參拜靖國神社。每當日本首相要前往靖國神社，媒體總是爭相報導。中國外交官甚至曾經用暢銷小說《哈利波特》的劇情打了一個有趣的比方：「如果軍國主義是當今日本的佛地魔，靖國神社則可謂它的分靈體，代表著這個國家靈魂最黑暗的部分。」

靖國神社成立於明治初期，最初是紀念在倒幕戰爭中所犧牲的志士，一開始名為東京招魂社，過幾年後由明治天皇親自以《左傳》中的「吾以靖國也」，意指國家安定，改名為「靖國神社」。靖國神社陸續紀念了在各戰爭中為日本國犧牲的士兵，包括甲午戰爭、日俄戰爭、第一次世界大戰等，成立以來也不同於日本其他神社由內務省所管理，而是受到軍方的管轄。到了戰後美軍佔領時期，日本立定了新的憲法明文政教分離，靖國神社也改組為一般的宗教法人，即使自民黨多次要求將靖國神社改組為特殊法人的國營機構，由於日本社會內部的反對，並沒有實行。

如同美國、法國、中國有各自的方式紀念自己國家戰死的士兵，縱使日本作為侵略者與戰敗國，紀念為國捐軀的士兵與將領也並不為過。戰後初期，靖國神社並沒有引起諸多爭議，即便每一年都有首相或者高層政治人物前往參拜。靖國神社真正成為問題的，起先是由於將「戰犯」合祀於神社內。一九五九年，靖國神社開始合祀乙級與丙級戰犯，但並不為眾人所知。直到一九七五年，當時的首相三武木夫以私人身份於八月十五日終戰日參拜靖國神社，此為第一次有首相在具有象徵性的這一天參拜靖國，但也並沒有引起太多的討論與報導。三年後的一九七八年，靖國神社的宮司將十四名甲級戰犯也列入了神社當中，在這之前日本厚生勞動省也曾將十四位戰犯的名簿交給靖國神社，但並沒有被當時的宮司受理。

根據遠東軍事法庭的判決，戰爭中犯下「破壞和平、發動戰爭」，包括策劃侵略等罪行，被歸類為「甲級戰犯」。除此之外，乙級戰犯是被歸類為犯下「戰爭犯罪」的人，例如虐待俘虜、殺害平民等罪過。丙級戰犯則是「違反人道罪」，這是二次世界大戰後由於德國納粹屠殺虐待猶太人而引發的爭議所創造的新規定，多適用在執行虐殺的人身上。在三個分級當中，其實「甲級」與「乙級」罪犯的界線曖昧不清，乙級戰犯所犯下的罪名並不代表比甲級輕，而只是不同於當時同盟國於法律上的分類。

儘管多數被判予絞刑的為甲級戰犯，如著名的東條英機，但也有不少絞刑戰犯是被控以「戰爭犯罪」的罪名，南京大屠殺的負責人陸軍將領松井石根最終被判為乙級戰犯，仍處以絞刑。也有被視為「甲級戰犯」的嫌疑人岸信介，最後不但獲釋，還成為戰後的首相。

| 甲級戰犯 | 乙級戰犯 | 丙級戰犯 |
|---|---|---|
| 破壞和平、發動戰爭之罪。以領袖身份策劃違反國際條約的戰爭。 | 戰爭罪行、故意不阻止暴行、虐殺平民。 | 違反人道罪行，犯下實際執行或者虐殺的行為。 |

或許從奉祀甲級戰犯這一刻開始，靖國神社的性質就產生根本上的改變了，而靖國神社將這些人加入祭祀範圍內，則是隔一年才向民眾公布。昭和天皇本人知道合祀戰犯後，便再也沒有參拜過靖國神社，他的繼任者明仁天皇更是一次都未曾參拜。合祀甲級戰犯之後，日本首相大平正芳、鈴木善幸、中曾根康弘等都曾前往參拜，直到一九八五年《朝日新聞》於終戰日的前幾日發出聲明，批評將甲級戰犯當作英靈祭祀，八月十五日中曾根康弘首度以內閣總理大臣的身份參拜靖國，才自此引發國際矚目的「靖國問題」。

## 難以歸屬的戰爭責任

靖國問題的爭議牽涉到政教分離、遺民情感以及戰爭的認識與責任，哲學學者高橋哲哉將這歸納為五個面向的問題：情感、歷史、宗教、文化以及國立追悼機構。情感的部分意指日本國民、士兵與殖民地遺族的情感。有人希望戰死的親人能被國家表揚，但來自台灣等前殖民地的人則希望自己的親人不要再被視為日本的靈魂，這些「情感」上的問題，是需要被克服的。歷史則是牽涉到戰犯的責任論，以及日本如何面對戰爭罪行的事實。此外，首相以公僕的身份參拜靖國神社以及這個過程的花費該視為公款還是私款，都處於違反憲法政教分離的灰色地帶。再來是神社祭祀與日本傳統文化的爭辯，例如有人認為參拜靖國神社是日本的文化傳統。靖國神社作為一個追悼的機構，也有許多值得爭辯之處，包括這個設施所歌頌的對象如何被選擇？以及最重要的，這樣的追悼是否達到宣傳和平的目的，還是重新點燃軍國主義之火？

針對這些問題，高橋哲哉提出了四個解決之道：首先，要完全執行政教分離，首相與天皇的參拜、國家與神社的關係應該都要完全廢止。不過，即使靖國神社應該擁有信仰自由，神社需要回應對合祀有所要求的遺族、不願意被合祀的遺族，不能以自己的宗教自由之名義去侵害他們想要以不同方式追悼的權利。再來，聲稱近代日本所有對外戰爭為正當的史觀，如遊就館中的歷史解釋，應該在言論自由的背景下被視為「其中一種」聲音。最後，為了防止第二個靖國的出現，應該為憲法中去軍事化、發誓不再打仗的承諾不斷地努力。

日本另一位思想大師子安宣邦，其兄長就是大東亞戰爭中的犧牲者，對於戰爭有切身之痛。他否定部分人士宣稱日本的精神在戰前與戰後為線性式的連貫，並以「國家神道」的框架，主張包括靖國神社以及伊勢神宮的參拜，都是一種國家祭祀的政治神學。日本自從江戶末期的「水戶派」以來，奠定了民族與神道教、天皇制度的關係，使得這幾個概念無法輕易切割。即使現今憲法明文規定政教分離，實際上卻意外成為國家實行祭祀活動的保障。子安也說，靖國神社美其名是祭祀「為國家犧牲奉獻的人們」，但並不是所有真的為國家而死的人都被紀念，而是在一定的意識形態與歷

**水戶派**

水戶學為江戶時期的一派思想，繼承了中國的儒學，主張尊王攘夷，受到眾多幕末志士如西鄉隆盛、吉田松陰推崇。

史框架下的人才被紀念。比方說，沖繩決戰被犧牲的平民按照國家的意志做了「崇高的犧牲」，他們卻不在國家祭祀的名單內。子安最後下了一個結論：這個世紀不應該再由國家無視人民的意見而發動戰爭，日本已經從太平洋戰爭中學到了慘痛的一課。相反地，比起讓國家祭祀過去出兵打仗而犧牲的英靈，人們更應該去質疑國家發動戰爭的本質，並且明確地維護憲法中政教分離以及放棄戰爭的原則。

**沖繩決戰**

在第二次世界大戰後期，美軍與日軍在沖繩打了一場激烈的戰役，其中許多沖繩平民遭到日軍逼迫自殺，死傷慘重。詳情可見本書〈扶桑花：沖繩物語〉一章。

不過，高橋與子安的說法在日本並非主流，要將這些方法付諸實踐還有層層的高牆必須打破。如果說靖國問題來自於戰犯合祀，例如中、韓等國民心理上無法接受發起戰爭的罪人被供奉為英靈，還被當今日本的首相「慰靈」、「顯彰」、悼念他們為日本國的犧牲，那麼將甲級戰犯從神社中移除是否就能解決問題了呢？其實事情依舊複雜：除了神道教中無法輕易將合祀的「靈魂」移除之外，如果甲級戰犯罪不可赦，那麼乙、丙級戰犯是否又會成為新的標的？這樣一層一層將責任推下去，如果每一個參加帝國主義侵略戰爭的一兵一卒都因其戰爭責任而不應該被追弔，最後靖國神社是否勢必變成一座空的神社？更進一步說，一個強大法西斯政權得以成立，更需仰賴社會氣氛的支持，當時支持戰爭的社會大眾是否又毫無責任？這個難題，終究回到「戰爭責任應該歸屬何處」的根源：究竟是沒有實權的天皇，還是被命令上戰場的士兵應該負責？社會大眾的責任又在哪裡呢？

對此，戰後極具影響力的政治思想家丸山真男在一篇著名的論文〈超國家主義的倫理與心理〉中提出了著名的「無責任體系論」：日本的天皇系統讓天皇被視為不可質疑的權威，階級之間由上對下壓迫、發號施令，而社會中又缺乏具批判性的中產階級，使得這樣的循環在出現問題時，下層將責任推諉至上層，說自己當時毫無選擇只能服從命令，不敢反抗；而居上位的天皇與其他高層又聲稱沒有實權、無法負責。也就是說，每一個人都參與了這場戰爭，但沒有一個人可以負責。

當時的日本人無一人是依自己的主體性做出選擇，人人隨波逐流，那麼當時同樣屬於「日本人」的殖民地人民，是否又掌握了自我的能動性呢？在戰爭中，不少來自台灣、朝鮮等殖民地的士兵也參與了這場戰爭，他們的靈魂也被祭祀於靖國神社。戰爭結束後，包括立委高金素梅以及原住民團體都曾經向靖國神社提出要求，希望能將先祖的靈魂收回、除名，卻遭到拒絕。對於高金等抗議人士而言，這些曾經為日本帝國作戰的族人身為被殖民者，卻被視為日本人、為日本國犧牲、寄奉在靖國神社，這是極大的恥辱。除了台灣之外，韓國與沖繩也曾向神社提出異議。然而靖國神社並沒有回應他們的要求，至今仍然有兩百五十二名來自朝鮮與台灣的士兵被奉祀於靖國神社。由於神社內仍然供奉著來自台灣的士兵，前總統李登輝、立法院長張道藩也都曾祭拜過靖國神社。這也意味著，即使殖民地往往以受害者的姿態自居，似乎也無法完全免除在戰爭上的責任。[1]更何況，無論是台灣還是朝鮮半島，殖民地也不是只擁有單一的主體性，而是混雜著各種聲音，例如人類學者黃智慧就指出，不少「高砂族」甚至比日本人更信奉「大和魂」，在戰後改受國民政府統治後，原住民反而利用了自身的日本性作為抵抗的工具。若是將這些因素都納入責任範圍內，層層推下去，仍然導向一個無解的盡頭。

---

1 根據歷史學者藍適齊的研究，在二次大戰結束後，也有台灣人被判定為乙、丙級戰犯，並被執行絞刑。

## 和平與和解？漫長之路

歷史已經過去，但當今的人們如何敘述與解讀歷史，往往與政治以及意識形態緊緊牽連。戰爭責任的歸咎也直接影響到一個社會的人們如何看待過往的這段歷史。相較歐洲戰場的德國在戰後痛徹心扉的道歉並進行轉型正義，得到各國的諒解並且成為現在歐洲的領導者，位於東亞的日本不但在歷史議題上沒能與亞洲各國達成共識，戰後美國介入東亞地緣政治的角色與冷戰的國際局勢，也使得日本在外交上有更多籌碼，和解之路依舊漫長。

除了靖國神社的處理讓曾在日本侵略戰爭中受害的國家不滿之外，日本的歷史教育也備受爭議。以博物館而言，由靖國神社管理的博物館「遊就館」中，日本的中小學生在觀賞零式戰機的同時，也觀看了該博物館的其他展示，包括日軍在近代戰爭中使用的各種武器、軍艦、服裝，以及當時民間對於戰爭的因應方式，並且悼念了為日本犧牲的年輕性命。但這座博物館也受到「美化戰爭」、「扭曲歷史」的批判，比方說在入口的神風特攻隊雕像旁，歌頌著這些愛國士兵們英勇殉國，應受國民敬仰。遊就館當中播放的紀錄片、販賣的書籍，也都被認為右傾。

若遊就館只代表日本一部分人對於戰爭歷史的觀點，作為義務教育的歷史教科書中的歷史敘事，勢必在一定程度上形塑了不少日本國民（尤其是沒有經歷過大戰的世代）對於戰爭的想像。日本教科書的爭議主要在於對於關鍵事件的描述以及部分歷史事實的認知與周圍國家不同，除了國際紛爭之外，國內也有不同的立場。一樁代表性的事件是六〇年代期間，一名歷史教授家永三郎編纂了一套教科書，詳細記載了日本軍隊在帝國主義、南京大屠殺、沖繩戰等爭議事件上的歷史描寫，但最後卻被認為「個人意見過多」而不被採用，導致家永以精神損害為由，向國家提起賠償訴訟，對簿公堂。在這場訴訟中，「政府介入教科書編輯是否違憲」引發了各派的爭議與對立，而這一告，竟然長達三十二年，成為世界紀錄上最長久的民事訴訟，最後以家永的敗訴告終。

「家永事件」顯示出日本國內對於歷史認知的差異，到了八〇年代，先是日本媒體誤報教科書中將日軍「侵略」中國寫成「進出」，引起中韓台的反彈與指責，日本與周圍的東亞國家關係逐漸緊張，歷史教科書成為引戰點。經過這次事件，日本文部省加了一道審核教科書的基準：「與鄰近亞洲各國間的歷史現象之處理，需要考慮國際理解與協調。」隨後由於中曾根康弘首相參拜靖國神社，在中日關係惡化的背景下，再次挑起教科書相關的紛爭。除了海外的抗議，日本國內也有不少公民團體發起活動，希望能禁止過於淡化歷史色彩的教科書；不過同時也有不少人批評過往的史觀過於強調日軍暴行，是「自虐」且破壞民族自信的教育，雙方爭議不斷。[2]

然而，對於當今百分之八十沒有體驗過戰爭的日本國民而言，不但多數人對於這段歷史並不關心，甚至不知道部分歷史事實；[3]也有人認為這些指控屬於「上一代的過錯」，更何況日本人也在這場戰爭中受盡苦頭：不少民眾不願意上戰場，卻被迫犧牲生命；沒上戰場的人們，則備受空襲、飢餓所苦，最後廣島與長崎還慘遭原子彈轟擊。日本也是這場大戰的受害者，人們也是被軍隊欺騙，在這場戰爭中成為輸家，日本人很後悔打了這場戰爭。此外在戰後的和平條約中，日本與韓國、蘇聯、中國（當

2 日本國內有許多出版社，每一本教科書對於歷史事件的遣詞用字都有所不同。歷史學者君島和彥也指出，九〇年代以後殖民地的篇幅反而增加，只是詮釋權更受教科書編纂者的主觀意識影響。此外，以日本的教育體制而言，國中的歷史教育著重本國史；到了高中，「日本史」則是選修科目，學生可以修地理、公民等其他科目代替學分。而無論任何階段，歷史老師都是從史前時代開始授課，經常教到近代史的時候，學期已接近結束，只能讓學生自主學習，或者草率地帶過。也因此，教科書對學生的影響並不全面，要落實歷史教育，除了教科書之外，還有更多面向值得商榷。

3 根據NHK二〇一三年的調查，知道「日本攻擊珍珠港，引發了太平洋戰爭」的回答者只有兩成。其中針對廣島、長崎原爆的問題，該地區出身的人答對比例也高出許多。

時為中華民國）簽約時，各方都已經放棄了賠償，「以德報怨」。（中華人民共和國在一九七二年中日建交時，也同樣放棄了向日本徵討賠償的權利。）九〇年代之後，日本政府甚至透過民間機構向中國、韓國等國提供「國民基金」作為一種補償行為。一九九三年與一九九五年的內閣總理河野洋平與村山富市，也都曾公開為慰安婦、殖民與侵略亞洲各國道歉並深切反省。

直到二〇一五年，南韓總統朴槿惠與安倍首相也針對歷史問題進行和解，日本將為慰安婦事件賠償十億日圓，而韓國則要移除位於首爾的日本大使館前的慰安婦少女像，只是不少韓國人認為這是日本政府試圖以金錢掩蓋責任的舉動，抗議連連。然而最終日本依約完成匯款了，韓國政府卻遲遲未移除銅像，再加上後來爆發朴槿惠弊案，南韓政局陷入一片混亂。二〇一六年年底，韓國民眾自行在釜山的日本大使館前又建造了另一個慰安婦少女像，以此向日本表達不滿。日方針對此舉嚴正抗議，認為韓國沒有履行約定，甚至撤回駐韓大使，雙方各項合作陷入膠著。

從日本的角度來說，即使曾經走向戰爭，戰後的日本或許是最提倡「和平」的國家了。在日本，只要跟戰爭相關的展場或者討論，幾乎往往都會伴隨著「和平」兩字。根據日本內閣府的「社會意識相關輿論調查」中訪問日本人民對於現今社會的觀感，「和平」的選項在調查紀錄中總是名列前茅。確實，日本在戰後七十多年以來，並沒有參與任何一場戰爭，貫徹了和平主義的信念。只是，可能也因為高喊著「和平」，日本或許以為可以藉此遺忘原爆以及作為侵略者的噩夢，迎向經濟高度發展，不過這場戰爭的記憶雖然似乎越來越遙遠了，卻好像還是永遠也甩不開。

## 留下來的戰機

二〇一三年，另一部跟《永遠的零》風格迥異，卻同樣以零式戰機為主題的電影也上映了。著名動畫導演宮崎駿以這部《風起》作為封筆之作，故事改編自零式戰機的設計師堀越二郎的前半生以及作家堀辰雄的《風起》同名小說。在電影中，主角從小懷抱著飛行的夢想，然而生不逢時，明明知道自己所設計的飛機將成為殺人機器，劇中的二郎似乎也沒有積極抗拒這個事實，最多只是展現了對於軍方態度的不屑，可以說是寧可犧牲一切去達成夢想。

這部電影在日本國內毀譽參半，對於多數觀眾來說，這部作品不像宮崎駿以往作品那樣批判戰爭，《風起》對於戰爭的控訴顯得曖昧不明，甚至有粉飾之嫌；不但並未追討主角堀越二郎的戰爭責任，相對地展現了更多對於二郎作為「天才」的孤獨與憐惜。然而到了電影的結尾，男主角鞠躬盡瘁完成了夢想，最終面對的卻是國家的毀滅、愛人的逝去以及自己的心血結晶被戰爭摧殘得只剩下殘骸。這部電影也維持宮崎駿一貫的風格，好比片中男主角不斷念著的詩：「風起了，唯有努力生存下去」，即使男主角製造出美麗的飛機，衍生沉重的後果與責任，活下來的人也必須努力生存下去。

在電影的最後一幕，二郎走過一大片零式戰機的殘骸後，在藍天白雲的草坪上意味深長地喃喃說道：「我所設計的飛機，沒有一架回來……」誠然，在戰爭期間日本生產了超過上萬架零式戰機，在戰爭結束後僅剩下不到十架。不過零戰儘管已步入歷史，卻也在不少軍事迷的努力下，保留了它們的機能，甚至再度重新起飛。

時隔七十年，二〇一六年一月，零式戰機二十二號型再次飛上了日本的天空。這一架重新飛上天空的零戰，是七〇年代於巴布亞紐幾內亞的叢林發現後，由一位美國收藏家進行整修與收藏，甚至用來拍攝好萊塢電影《珍珠港》。直到二〇一五年一位旅居紐西蘭的日本生意人石塚政秀以高價收購，經過日本政府一連串的討論與評估，這架零式才終於在九州的鹿屋基地起飛（鹿屋基地當年曾是許多特攻飛行員的訣別處），由一位美國飛行員所駕駛。飛機的主人石塚表示，他如此做是希望日本年輕人重新認識零式戰機，也讓老一輩的日本人能夠重拾零戰相關的回憶：「每個人應該對這件事情有一些不同的看法，不過我只是想要讓人們知道，日本是如何開發了這樣的技術。」

零式戰機結合了日本高超技術的代表以及神風特攻隊與二戰軍國主義這樣兩極的象徵，但這一次零式在日本領空的航行卻在媒體的報導下和平落幕，沒有引起更大的國際紛爭或爭議。或許也是因為零式戰機本身畢竟也只是一個空殼罷了，如同汽車能夠帶來便利也能夠致人於死地，那個由零式帶來的災難、痛苦的回憶以及仍然有待被解開的結，始終掌握在現今活著的人們的手中。

# 扶桑花

## 沖繩物語

血色般鮮紅的扶桑花，又名朱槿，在所謂的「花語」中有這樣的意思：「新的戀情」、「勇敢」、「總是新鮮的美麗」。它們通年開花，擁有強韌的生命力，綻放著耀眼的色彩，帶有一股夏季與熱帶的風情。在古代的中國，「扶桑」意味著

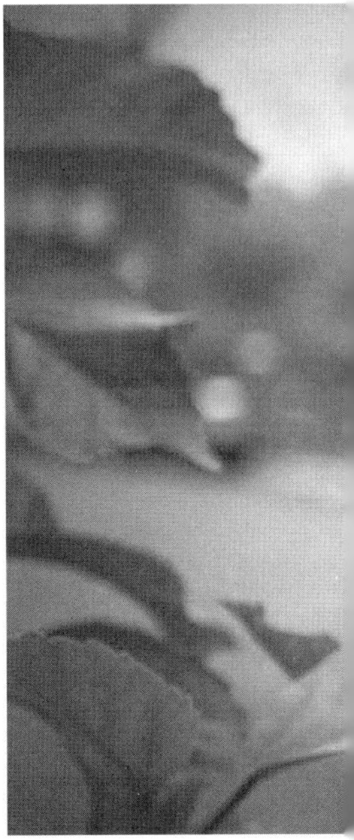

東洋的東瀛日本。在今日，扶桑的意象不只延伸到東南亞，例如馬來西亞以朱槿作為國花，太平洋上的夏威夷也以此聞名。

不過在日本提到扶桑花，人們通常想到的會是南方那個盛開扶桑花的列嶼：沖繩群島。沖繩位於九州更南方，是日本最南邊的領土。與日本其他地區的風情相比，沖繩總讓人感覺宛如來到另一個國度：盛開的不是著名的櫻花、銀杏，而是代表熱帶的扶桑，這裡四季如春，海洋廣袤湛藍。在那霸市最熱鬧的街道之一，看不到傳統的日式建築，倒是多了幾分美國城市的味道，也能在街道上看到風獅爺以及更多與中國傳統風格相似的建築。

這個扶桑花盛開的群島，曾被稱作「和平之島」、「樂園之島」、「東方夏威夷」，這裡也是不少日本螢幕上活躍的演藝人員的故鄉，例如安室奈美惠、新垣結衣、夏川里美等等，都來自這個南方的島國。其中一個演唱團體Begin便以沖繩的家鄉文化為題材，創作了不少歌曲。其中一首是這麼唱的：

我所出生的那座島嶼，我又知道了多少？

……這裡應該也有許多，光看教科書是無法了解的，更重要的東西才是……

如同這句歌詞所問：沖繩究竟是什麼樣的地方呢？這個受艷陽與青空眷顧的島國，除了美麗的風景與歌聲，其實還有許多不被看見的歷史與哀愁靜靜地矗立在各個角落，以另一種形式陪伴著這座島嶼。

## 成為日本人：從琉球到沖繩

位於台灣北方、日本九州之間的列嶼曾經存在這麼一個王國：他們保有獨立的政權，擁有自己的語言與文化，領土涵蓋現今的琉球群島與北方的奄美群島。在十五世紀以前，群島間經歷了多次政權輪替，直到十五世紀由尚巴志王統一，史稱琉球王國，首都定於首里城。自此維持了好幾個世紀的和平，發展出獨特的陶藝、舞蹈等藝術，並且與中國、日本、東南亞交流密切，在明清時期定期向中國進貢，進行貿易往來。

只是好景不常，擁有絕佳戰略位置的琉球國很快成為周圍各國競相爭奪的目標。隨著北方的日本步入全新的江戶時期，一六〇九年位於今日九州的薩摩藩也向琉球國出兵，使得琉球國不得不割讓北方的奄美群島給薩摩藩，成為薩摩藩的附庸國。[1]即使琉球國仍然定期向清廷朝貢，實際的管轄已經幾乎歸薩摩藩所屬。不過，這也只是琉球國此後一連串遭遇中的開端罷了。自從西方列強在日本登陸（史稱「黑船事件」），整個國家陷入天翻地覆的轉變，沖繩絕佳的地理位置也成為各個強權的標的，就連培里將軍在與日本簽訂不平等條約《神奈川條約》時，也要求開放那霸的港口，雖然日方表示琉球並不在領土範圍之內，培里最後仍然設法與琉球簽署了《琉美修好條約》，逼迫開放港口，而這也預言了未來美國與琉球之間斬不斷的關係。

**黑船事件**

一八五三年美國海軍在馬修培里的率領下登陸日本，迫使德川幕府「開國」。史稱「黑船事件」，可謂開啟日本一連串改革的起始點。

1 奄美群島在被琉球王國統治以前，亦屬薩摩藩的管理範圍。

受到黑船事件打擊的日本，在幕末革新的一番流血犧牲後，最後由倒幕派獲勝，建立了新的明治政府，幕府時代正式走入歷史。如同各個新政權一般，明治政府起先也忙於建立威嚴、穩定政權。就在這個時候，琉球的人民在朝貢之路上遭到海難，漂流至台灣島南方，卻在登陸後遇到原住民出草。有一說認為明治政府欲轉移國內注意力，因此首次向外出兵台灣，史稱「牡丹社事件」。這個事件不只是展現日本收編台灣的野心，同年在日本全國「廢藩置縣」的執行中，琉球被編入了鹿兒島縣的管轄，琉球國逐漸失去了自主權。到了一八七九年明治政府強行兼併琉球，歷史上被稱為「琉球處分」，琉球王國正式滅亡，成為了日本國的一部分：沖繩縣。

**倒幕派**

幕府末期主張將幕府拉下台的人，他們多屬於九州地區的藩主或武士，如西鄉隆盛、小松帶刀、大久保利通、木戶孝允等人。

淪為日本領土之後，沖繩縣民的待遇如同殖民地，不少琉球國的有志之士開始進行復國運動，請求中國的清廷協助，但都遭到日本政府強力鎮壓，當時的中國也充滿內憂外患，無暇挽救這個朝貢國。沖繩一面被迫接受日本的同化政策，前往「內地」日本本土發展的沖繩人卻被貼上「語言不通」、「不守時」、「不懂禮儀」、「愛喝酒」等標籤，被認為是不現代、不文明的族群。甚至在關東大地震後的朝鮮人屠殺[2]中，身為國民的沖繩人也不得倖免。在歷史的洪流下，沖繩人即使被迫成為日本人，卻也不被視為真正的日本人。尤其隨後日本步入二戰，開始實施「皇民化運動」，情況更為加劇，沖繩的主體性及其自身的文化、語言在這個過程中，也如流沙般漸漸地流失。

## 美日邊界的交叉口：被犧牲的沖繩

一向處於邊陲的沖繩，成為戰爭中被犧牲的棋子。這並不是一場由沖繩人所發起的戰爭，但仍然無法阻止悲劇蔓延至南方。當二次世界大戰即將邁入尾聲，一直被日軍忽略的沖繩在一九四五年的春夏之際卻成為美日雙方背水一戰的戰場。這場被稱為

2 關東大地震後，民間的流言蜚語傳說當時在日本的朝鮮人趁火打劫，導致日本人濫殺朝鮮人。詳見本書〈生魚片：我們還能相信誰？〉一章。

「鐵雨」（又名「鐵之暴風」）的戰役，是波及最多平民的玉碎戰[3]，死傷人數也是其他慘烈戰役的數倍。諷刺的是，這些平民並不是死於敵方美軍之手，而是死於大日本帝國的指示下。

隨著戰況激烈，日本陷入了太平洋戰爭的死胡同，平民也被涉入戰爭中。諾貝爾文學獎得主大江健三郎在其作品《沖繩札記》記錄了這段史實：沖繩的語言與日語不通，為了防止間諜，有千人以上的沖繩平民慘遭日軍濫殺處置。在糧食與資源短缺時，甚至有日軍直接搶奪居民躲藏的山洞，或者直接將他們處決。同時日軍也向沖繩的平民宣傳，若被美軍俘虜，女性將會被姦殺、人們將被綁在一起等待坦克的輾壓，為了避免這種狀況，自我了斷才是光榮的死法。當日軍節節敗退，眼看即將戰敗時，除了一貫地命令士兵使用手榴彈自殺以免被俘虜外，也向平民發放手榴彈，脅迫他們自殺。只是，這一段「黑歷史」並不被日本部分人士承認，甚至控告大江及其出版社「講談社」，宣稱這段血淋淋的記載扭曲事實。然而儘管最後大江勝訴了，法院最終承認日軍曾有脅迫當地居民集體自裁之事，但這件事仍然沒有提升沖繩受到冷落與

3 此詞源於古語「寧為玉碎，不願瓦全」，意指毫無保留地進行大量的自殺式攻擊或者犧牲。

遺忘的處境。

大戰結束後，倖存的沖繩人民也發現，美國軍人並不像傳說中的野蠻，他們呼籲躲起來的平民投降，並且給予他們人道的待遇。根據沖繩反基地社會運動者阿波根昌鴻所說，美國不但不是日軍口中那些「鬼畜米英」，反而更像是日本所自稱的「神國」。[4]但很快地，阿波根昌鴻便意識到美國也不是所謂的「神國」。在戰後的沖繩，他們強佔沖繩居民的土地用以建設美軍基地，利用這塊淨土作為備戰之地。美軍也沒有隨著戰爭的結束而離開，相反地，沖繩的治理權被交予美國，並且當一九五二年美軍結束了對日本的佔領之後，仍然沒有離開沖繩。繼日本之後，又一個強國的陰影籠罩著沖繩列島。

當日本國內的左翼勢力開始式微，日本本土逐漸擁抱美國的各種價值與物質文化。在美日安保條約的作用下，日本的安全由美國保護，但全日本的美軍基地超過七成卻都建立在沖繩。基地的存在不但讓沖繩人不時想起戰爭的惡夢，基地對於民生沉重的負擔也一律由沖繩人民承擔。基地所帶來的噪音與軍事威脅或者可能的墜機意

[4] 在日文中，「米國」意指美國。

外，還有被奪去家園的痛苦，都只能默默忍受，沖繩人沉默的吶喊並沒有被聽見。

一九九五年爆發的事件則是壓垮駱駝的最後一根稻草，再也無法阻止沖繩人的怒吼。一名十二歲的沖繩女孩慘遭三名美國海軍陸戰隊成員強暴。根據美日之間的協定，這三名在美軍基地犯罪的嫌犯並沒有立即遭到懲處，也沒有立即受到日本法律的制裁。沖繩人的憤怒再也壓不住，超過八萬居民上街要求美軍撤出沖繩，他們大喊：「美軍滾出去！」事實上，美軍對於當地婦女的凌辱事件並不是第一次。戰爭結束不久的一九五五年，就有一名年僅六歲的小女孩由美子遭到美軍姦殺，引起強大的憤慨，也造成極大的反美運動。此外，駐紮在沖繩的美軍與當地風俗存在文化差異也是衝突的緣由之一，例如不少美國軍人認為當地女性微笑就代表有意願與他們往來。到了二〇一六年，一名二十歲的當地女子在夜間慢跑時，遭到退役美國軍人姦殺後棄屍，再度引爆沖繩人的悲傷與憤怒。時間並沒有增加沖繩與美軍之間的相互理解，反而強化雙方的對立。

除了強暴案件之外，普遍軍紀不佳的美軍也經常犯下竊盜、脅迫等社會案件，令當地居民苦不堪言。憤怒讓沖繩人站了起來追求權利，只是他們的反抗就如同聖經所述的大衛對抗歌利亞，小小的身軀以石頭對抗巨人那般，美軍在沖繩所犯下的事件並沒有因此減少，更沒有因沖繩人的不滿而撤離。好不容易在美日雙方政府的協商下，美國同意遷移最主要的普天間機場，時任日本首相的鳩山由紀夫也聲稱要將基地移至沖繩縣外，最後的決議卻只是將基地遷移到沖繩的邊野古，而不是從沖繩撤離，令不少沖繩人民再度失望。

沖繩究竟何時才能擺脫作為被犧牲者的命運？頻繁的社會事件、基地帶來的安全風險，在在令不少沖繩民眾憤而抗議，希望基地撤離沖繩。但日本至今整體的繁榮與和平如哲學學者高橋哲哉所說，正是建立在沖繩的犧牲上。因此，當安倍晉三首相推行新安保法案，沖繩作為日本和平主義下的犧牲者又再度浮到檯面上。不過不少反美軍基地的社會運動現場，雖能見到憤怒的人們，年輕人的身影卻並不多，其中一個原因可歸咎於不同世代表達意見的方式不同，例如年輕人更傾向在網路上發聲而不是在街頭靜坐，但無法否認的是，沖繩內部對於基地爭議以及美軍的去留，甚至是否認同自己是日本人的認知，內部都有很大的歧異。在各個島嶼間，人們對於沖繩的未來也抱有不同的想像。

## 亞細亞的孤兒：沖繩人，還是日本人？

小說家吳濁流《亞細亞的孤兒》以主角的際遇作為隱喻，暗喻台灣人既不是中國人，也不是日本人，而是亞洲歷史下被丟棄的孤兒，找不到歸宿。沖繩的歷史經驗，如果說是亞洲爭霸戰中的另一個亞細亞的孤兒也不為過。與中國密切來往的琉球王國滅亡後，姑且算是成為日本人，其後又被美軍長期佔領，沖繩人究竟該如何定位自己？

在深信「單一民族神話」（可另參本書〈燒肉〉一篇）的日本，沖繩正處在一個尷尬的位置。一直到一九七二年沖繩回歸之前，沖繩都不屬於日本的管轄範圍，往來日本本土與沖繩之間需要出示護照。原先已經位居邊陲的沖繩，拜美軍之賜，更像是個「外國」。回歸日本後，沖繩人也持有一般日本護照，法律上與日本人無異。然而對許多日本本土的人們而言，無論是姓名、相貌，或是聽到「沖繩」所產生的直覺，沖繩人與大和民族都是不同的群體。再加上戰後美軍撤離日本後，仍繼續佔領沖繩長達二十年，在整體社會氛圍親美的日本當中，唯獨沖繩「特立獨行」，高舉反美旗幟，不論是集體記憶還是對於各種意識形態的詮釋，彼此都已拉開差距，而這也讓沖繩在各個社會議題上陷入保守派與革新派的雙方對立。

不過，擔任過沖繩縣知事的翁長雄志曾呼籲：「比起意識形態，自我認同更重要」，這讓沖繩的自我認同再度受到重視。在沖繩，人們對於「自己人」與「外人」也有明確區分，他們以沖繩方言稱呼「沖繩人」（ウチナー）與來自日本本土的「內地人」（ナイチャー）。二〇〇七年，學者林泉忠做了沖繩人身份認同的調查，其中將近四成的受訪者認為自己是「沖繩人」，百分之二十五認為自己是「日本人」，將近三成的人則回答「既是沖繩人又是日本人」。然而當問到「沖繩是否該獨立」時，超過六成的受訪者認為「不應該獨立」，支持獨立的僅有兩成。也有人提出「讓沖繩人管自己的事情」，希望能追求更多的自治空間。綜觀而言，沖繩擁有特殊的認同，而且更重要的是，也從來不只一種認同。有些人認為沖繩僅屬於日本的一部分，與其他管轄區無異，並且嚮往東京等大都市的生活；也有人深深感嘆沖繩人的尷尬身份，如沖繩前任知事西銘順治所說的，「想做日本人也做不成。」還有人堅決反抗美軍駐紮沖繩，或者支持重新復興琉球國。

沖繩內部不但充滿不同的聲音，列島上還有更小的聲音不被聽見：一九三〇年代左右，有一群台灣人為了做生意或者開拓市場，像是從事鳳梨農業等工作，從台灣島移居到隸屬沖繩的八重山，這個距離日本本土最遙遠的領土。當時，沖繩與台灣同屬日本統治，國內的移居並非難事。只是戰爭爆發之後，日本的戰敗也讓前殖民地的人民喪失了日本國籍，八重山的台灣人從此成為無國籍的幽靈人口。這些移居八重山的台灣人並沒有得到好的待遇，甚至被當地人歧視，如紀錄片《海的彼端》中的敘事，不少第二代台裔移民為免於被歧視而不願承認自己的台灣背景，直到台灣的國際地位提升了，台日關係逐漸好轉後，這群移居者才慢慢被接納，然而此時要重拾原生的文化卻已慢了幾步。不過這也意味著這些來自台灣的移民，已在沖繩或者日本內地成功地展開了新的生活。

## 沖繩人的自我認同

對於沖繩人的認同感影響最大的仍是近現代歷史，然而若論過去，亦可遠溯琉球處分前更早的歷史。沖繩縣的前身雖為「琉球王國」，但「琉球王國」並非單一個體。早期沖繩各個島嶼都有各自的部落，有些人與日本九州的關係更緊密，只是大多數都被當時強盛的琉球王國收編統一而已。

沖繩在歷史上受盡各方面的歧視，也在戰爭、國際秩序中遭遇被遺棄的命運，這些經驗導致戰後沖繩人特殊的自我認同，逐漸成為沖繩爭取歷史正義、自治權與人權的利器。但是面對美日之間友好協定下的利益，以及集體「向右轉」的東亞國際局勢，沖繩人將如何定位自己的認同，恐怕也不只是沖繩自己的事情了。

## 熱帶的樂園

當今日本，關於沖繩的旅遊廣告呈現的淨是熱帶風情：藍天白雲、海灘、水族館、傳統舞蹈、紅色的花朵。在這裡，生活的步調不像日本大城市中穿西裝趕電車的光景，而是另一種「慢活」腳步，是讓人從繁忙的都市生活中解除疲勞與壓力的樂園。

或許就是這樣緩慢的腳步、單純的生活以及清淡的飲食文化，沖繩縣的平均壽命屢屢稱冠全日本，高達八十五歲。但是這個療癒的人間樂土，其他各項國民指標卻總是敬陪末座。作為離島，沖繩缺乏教育與各項實體資源，經濟也依賴觀光業與服務業支撐，即使日本政府大力推廣「沖繩振興計畫」，希望提升沖繩人的生活品質，青壯年人口仍持續外流，留下年長者獨自守護這座家園。

觀光客來到沖繩，在美國街上購物並享用高級的旅館設施，或者前往古蹟首里城一賞琉球王國昔日的光輝，再到和平祈念公園靜靜地為當年在沖繩島戰役中喪生的名字祈福。在沖繩，每個觀光景點都承載著沉重的過去，然而這樣的歷史，雖然使得沖繩成為資本主義下被消費與凝視的對象，卻也是支撐著這島嶼繼續走下去最重要的力量。

# 燒肉

## 離散的深夜食堂

在日本的下班時間，經常可以看到各種場合的聚會出現這樣的光景：眾人圍住一個熱騰騰的烤盤，上面散發著濃厚的香味，放上各種新鮮的薄肉片或者內臟，等烤熟了再添加各種調味料如沙茶或者奶油來食用。這種「燒肉」的飲食文化，以日本為首，已經擴散

到東亞各國甚至全球，廣受歡迎。而它的源起也反映了一個時代人們因戰爭移動求生存的故事。

自從日本步入明治維新，從思想到吃飯的方式都產生了巨變。為了證實日本已經進入西化時代，明治天皇大力鼓吹人民吃肉食以培養健壯的體格，吃肉也逐漸成為文明的符號。雖然此時，「肉」的定義從今天看來還是侷限了一些，當時的人們還不敢食用動物的內臟，料理時也都會將這部分丟棄。

也就在這個時候，淪為日本殖民地的朝鮮半島，開始有人前往日本討生活，特別群聚於大阪周邊。根據朝鮮半島文化史專家佐佐木道雄的考察，這時來自朝鮮半島的人們開始將日本人捨棄的內臟等拿來當食材烤肉，形成現代燒烤店的雛形。不過另一位食物史專家宮塚立雄則指出，這種飲食方式其實是戰後食糧短缺才開始廣泛流傳，動物內臟（ホルモン）逐漸為日本人所接受，燒肉開始發揚光大。直到一九六五年日本與南韓恢復邦交，日本國內取得韓國國籍的人也增加了，日本內部來自南韓與北韓的團體為了該取名為「韓國料理」還是「朝鮮料理」而爭鬧不休，最後乾脆統一稱為

「燒肉」。

燒肉隨著日本的經濟起飛而壯大，也與傳統的「韓式料理」分家，近年更進軍世界各國，也「逆輸入」回到韓國。而燒肉文化背後的支撐者，最主要仍然是「在日韓國人」這個曖昧的族群。全日本目前共有近六十萬的人口屬於「在日韓國人」，他們在日本社會是一種特殊的存在，既是戰前歷史的延續，也是全球人口流動下的結果。在日韓國人作為日本社會隱性的「他者」，長期未受重視，他們大多扮演如同在料理店為客人提供美味餐點那樣的幕後角色，以這樣的形式在這個陌生又熟悉的國度生活下去。

## 裡外不是人：陌生的祖國，家般的異國

所有人都知道
但它不在地圖上
因為它不在地圖上
它不是日本

——金時鐘

這首詩的場景座落於關西大阪一個叫作「鶴橋」的地方。乍看之下，這裡與一般日本街景大同小異，不過繼續走下去，眼前突然出現一座高聳的「百濟門」，周圍也多了其他不是日語的招牌，尤其是好幾間韓國燒烤店，便顯得別有一番風味。同樣地，在東京最具代表性的韓國城新大久保，走著走著也會意識到周圍的韓文突然多了起來，周圍的人也說著韓語，甚至其它日語之外的語言。這裡的居民可能是從小生長在日本，日語比韓語更嫻熟的韓裔人士，也可能是近年來日本留學、求職的韓國年輕人。[1]

如同金時鐘的詩句所道出的，地圖上找不到韓國城的位置，就好比裡頭的居民隱形般生活在這塊土地上，既不被視為一份子，也不是完全的外人，卻又沒有其他地方能回去。許多住在韓國城或者日本任何一個角落的在日韓國人，都如同張英仁一樣覺得裡外不是人——既不是日本人，也不是韓國人。

張英仁（化名）出生在日本、韓國之外的第三國，從小在日本長大，是第四代在日韓國人。十二歲的時候，由於韓國國籍對父親升遷不利，根據日本當時的法律，全

1 城市中的街景與空間政治也反映了日韓複雜的政治與情感關係，九〇年代末，韓流在日本興起熱潮時，新大久保一度成為最熱鬧的區域之一，其後不時由右翼團體鼓吹的反韓遊行，也選擇以韓國人為主的此地作為示威中心。

家人的國籍必須一致，她就在沒有選擇權的狀態下跟著家人將韓國國籍換成日本籍。儘管對於不會說韓語的她而言，韓國或許是一個更陌生的國家，然而成為「日本人」以後，在日本的生活雖然更為輕鬆，不用為簽證或者入境時填各種表格而煩惱，但她仍覺得與日本社會格格不入，除了學校教育中對於殖民主義的態度，就連她想擁抱像是和歌等傳統日本文化時，都會感到一種強烈的矛盾：這些傳統文化所堆疊塑造的「日本性」，正是將她所屬的「在日」社群排除在外的根源之一。

像張英仁這樣所謂的「在日韓國人」，是日本不被看見的族群，卻普遍存在於各個角落。[2] 日本與韓國的交流從數千年前即有歷史記載，今天存在於日本的「在日」族群，最早源於二十世紀初。當時的朝鮮人，就像從殖民台灣來到日本的台灣人一樣，赴日多被視為低階勞工，從事建設相關的工作。除此之外也有高階知識份子來日本留學。這些韓國人在日本的生活並不好過，除了領不到跟一般日本人一樣的薪水，還受到許多歧視。一九一〇年「日韓併合」，朝鮮半島正式淪為日本帝國的領土，此後更有成千上萬的韓國人為日本帝國打仗犧牲。

[2] 「在日」族群若要嚴格定義，又分為來自南韓的「韓國人」與北韓的「朝鮮人」。本文為方便書寫，統一使用「在日韓國人」一詞。

戰爭結束後，許多韓國人並沒有離開日本回到故鄉。當時韓國本土的情勢也不穩定，像是發生了濟州島事件，大量平民遭到殺害，一九五〇年代朝鮮半島又爆發韓戰。不少來自南北韓的難民湧入了日本，從此定居，他們的子孫也在日本列島出生，上一般的小學，與普通日本人無異。一九五二年舊金山條約簽署後，日本正式放棄前

### 濟州島事件

第二次世界大戰結束不久，朝鮮半島情勢混亂，人口大量移動，大韓民國政府與人民之間互不信任。一九四七年三月一日，官民之間產生衝突與死傷，政府開始對人民暴力鎮壓。由於牽涉到共產黨，美軍亦參與其中。一直到一九四九年間，都持續有平民受害，至今各方提供的傷亡人數都不相同，有人推測高達兩萬人以上受害。

### 舊金山和平條約

此乃一九五一年日本與第二次世界大戰的同盟國於美國舊金山簽署的條約，處理的議題主要圍繞在日本前殖民地領土的託管，包括承認朝鮮獨立、放棄台灣、澎湖、千島群島、庫頁島南部、南沙群島、西沙群島等地之主權，並同意美國將琉球群島等地交由聯合國託管，讓美軍駐紮於沖繩。此和約的前言中，日本亦請求加入聯合國，一九五六年，聯合國正式接納日本成為會員國。

殖民地的所有權，這些曾經擁有日本國籍身份的韓國人，也自此喪失日本國籍，成為這塊土地上的「外國人」。

戰後初期，在日韓國人由於無法享有公民應得的權利，多數從事餐飲業，如韓式料理、燒烤店等，或者經營柏青哥產業（彈珠機，日語發音讀作：Pa-chin-ko）。即使多數在日族群外表上沒有明顯差異，日文能力也近乎母語程度，但無論在婚姻、就職上，仍隔了一道隱形的牆。不少在日韓國人組成各自的社群，例如公民團體、韓國學校，以保存韓國的文化。其中最有影響力的兩個公民團體「民團」與「總聯」分別擁護南韓與北韓，其成員也包括已經歸化為日本國籍的在日韓國人，他們在各種議題上發聲，並且為在日韓國人爭取更多福利。如今，多數的在日韓國人的居住方式與一般日本人沒有什麼不同，儘管重要節慶時仍然注重韓國傳統禮儀，日常生活說日語的比例已經高於韓語，出國時手持的護照可能已經換成紅色的日本護照，當然，也有人仍拿著陌生的祖國韓國的護照。

美國社會學家John Lie指出，五〇年代在日韓國人從事不被看見的工作，到了六、七〇年代當日本的經濟正起飛，在日韓國人已經逐漸在日本社會中成為隱形人。第二代的在日韓國人經常不以真身示人，他們隱藏了身份，不「出櫃」自己的民族背景，用著日本名字，說著流利的日文。在當時的社會氛圍下，人們紛紛朝向大都市移動，生長在大都市的在日韓國人，似乎還比從鄉下地方來的日本人更能適應社會潮流。此時，在日韓國人的文化也逐漸受到重視，好比不少在日作家所寫的文學作品一度蔚為風潮。

時至八〇、九〇年代，也有另一批韓國的「新移民」（ニューカマー）前往日本展開新生活。即使背景有別於戰前或者戰後初期的在日群體，這群韓國人也屬於在日韓國人。時代前進，在日韓國人的處境也有好轉的趨勢。不論以本名還是日本名字示人，他們在演藝事業、運動球隊以及商場上，由於表現良好，逐漸受到矚目。例如知名的導演李相日，以及身為日本首富的軟銀社長孫正義即是在日韓國人第二代，但即使他以韓文名字示人，早期經商時也有人建議他隱藏身份，以免引來不必要的麻煩。

如同孫正義與張英仁，不少在日韓國人開始將國籍換成日本，或者改名換成日本名字。曾經，在日韓國人只與彼此通婚，一方面是在成見仍然很深的時代裡，與日本人通婚並不容易。不少家長會在婚前派偵探調查對方底細，除了部落民的後代之外，在日韓國人也是一般人不願意通婚的對象。尤其就現實考量，日本女性若與在日韓國

### 部落民

日本邊緣的少數群體，儘管被認為與多數日本人同為「大和民族」，但是由於屬於早期封建時代的「賤民」，多從事「不潔」的工作，例如屠夫等，因此即便二戰後日本的新憲法規定人人平等，但社會上對部落民的偏見仍然存在，也有許多團體仍試圖化解這種文化隔閡。

男性結婚，在過去的法律下便有喪失日本籍的風險。在日韓國人自身也可能因為身份認同而不鼓勵子女與一般日本人通婚，好比吉田修一小說改編的電視劇《東京灣景》中，便描寫到在日韓國人家長秉持著民族主義，即使在日本事業有成，卻不願意看見子女與日本人結婚。

一位出生在濟州島的在日韓國詩人金水善曾如此寫道：「半個世紀／孩子們成人了／長者逝去了／學生年長了／我仍然看不見阿里郎山坡。」不論持有日本還是韓國護照，或者是否與日本人通婚，身為離散族群的在日韓國人縱使不屬於日本，卻也不屬於「祖國」。許多人表示，他們回到韓國後，發現民族情感仍然難以克服語言與文化的隔閡，那個祖國已經回不去了，他們也無法成為真正的韓國人。於是，他們只能回到異國的家鄉——日本，努力地生存下去。那個傳說中的阿里郎山坡，也只能留在夢中了。

## 誰是日本人？單一民族的神話

在日韓國人之所以在日本成為一個離散族群，無法輕易融入日本社會，主要還是因為多數日本人深信「單一民族神話」。日本前首相中曾根康弘曾經聲明：「日本只有一個民族，一個國家，以及一個語言。」這種言論對不少日本人來說並不陌生，日本不但文化獨特，除了南方的沖繩有時被視為例外，整個日本列嶼通常被視為一個完整且單一的群體。就連著名的日本學研究者 Edwin Reischauer 也曾經表示：「當今的日本是最同質且文化最統一的。種族與血統在日本人的自我形象中扮演重要的角色，他們為自己血緣的純種性感到驕傲。」

不過，即使日本聲稱是一個單一民族的國家，事實上在日本歷史上，曾經生活在日本列嶼的民族從來就不只一種。除了較為人知的沖繩人不同於大和民族，還有北海道的愛奴人、九州的隼人以及其他不同的民族如出雲族等等，不過他們分別在不同時期被勢力最大的大和民族同化。雖然日本國土狹長，尤其在現代化前都採行分區治理，地方文化強烈，語言未必能通行全國，但多數差異仍被視為地方差異而非民族差異。

明治維新以來，新政府為了強調天皇的神性而重新塑造了日本開國的神話以及「天皇萬世一系，是日本人的先祖」的說法。這種論述強化了「日本是單一民族國家」的概念，建立起新的想像的共同體。即使在此之前，日本因為地方分治，各地的階級差異更甚於民族差異。另一方面，日本成為亞洲第一個現代化國家，並且在短時間內趕上西方國家幾百年來累積的現代化成果，各方學者開始提出日本特殊性之相關研究，結合各種自古以來日本文化的相關著述，這些學派被稱為「日本人論」。日本人論的其中一個觀點，便是強調日本社會是由單一民族所構成的，而且這個群體的主流意識與集體主義主導著人們的行動。

關乎這個問題，社會學者小熊英二在其著作《單一民族的神話》中以知識與歷史社會學的角度考察「日本是單一民族國家」這個論述是如何被建構的。小熊英二的研究發現，其實戰前單一民族的論述並不是主流，甚至被當成帝國主義與對外戰爭的藉口，比如說增強了認為日本帝國能夠容納多元族群等意識形態的說服力。江戶時期的儒學學者新井白石曾說：「我的先祖來自馬韓（朝鮮半島的部落聯盟）」，之後也有學者主張日本與韓國來自同一民族，這個論點在逐漸強化的「征韓論」中被正當化，作為日本出兵朝鮮的理由。其他像是人類學者坪井正五郎主張日本由南北兩大民族混合而成，這種說法也不勝其數。當然，主張優生學或者回歸日本自然與原初文化的觀點也存在，例如著名的日本民俗學之父柳田國男，或者和辻哲郎以「風土」的概念試圖證明日本即使種族不純，但受到風土的影響後，仍進而形成一個共同體。

到了帝國時期的日本，不只是韓國人，屬於日本殖民地的各個族群，都在戰爭後期被視為「日本人」。以現在的眼光來看，戰前日本民族的多元性確實不低，甚至可謂包藏在單一民族當中另一種極端的多文化主義。透過皇民化運動，殖民地的人也可以成為「日本人」。戰爭結束後，殖民地也獲得了解放，日本陷入戰敗與佔領的困境，單一民族論才開始抬頭。天皇制度保存了下來，日本人也重新思考自己是個什麼樣的國家、什麼樣的民族。弔詭的是，戰後對於日本國族意識的討論，除了來自於日本國內，更受到「他者」的影響，最著名的就是美國人類學者班乃德的著作《菊花與劍》。此書寫於戰爭期間，目的是協助美國了解敵軍，作者未曾來過日本進行田野工作，而是以二手資料、日裔美國人的訪談寫成此書，卻在戰後的日本大獲暢銷。

然而究竟什麼樣的人是日本人？如果追根究柢，談到民族與血緣，那麼二十世紀初期由於日本人口過剩，當時大批日本人移民海外最大宗的移居地巴西；以及現今日本人的度假勝地夏威夷，都有非常多日本移民在那裡生活。這些海外的日本族群即使彼此通婚，現今到了第三代，大多已經不會說日文，甚至對日本文化也不甚熟悉。相較於這些擁有日本血統的海外移民，長期生活在日本但沒有純粹日本血統的人們，卻很難被視為日本的一份子。

## 中華街，繁華街

在日韓國人固然是日本社會中重要的「異文化」存在，在日本定居的外國人，也不只是來自朝鮮半島。與日本歷史上交流甚多，甚至是文化楷模的中國，與日本的民間交流也非常興盛。日本的大城市如橫濱、神戶等，都有著名的「中華街」。如今橫濱中華街更成了訪日的觀光著名景點，好比新大久保之於韓國文化在日本的聚集地，中華街也被視為廣大華語圈的象徵。

十九世紀末期，橫濱由於是日本對外開放的港口，當時除了來自中國南方的買辦與生意人紛紛在此開設餐廳或發展事業，還聚集了許多來自歐美的外國人，就連孫文也曾經亡命此地。後來發生關東大震災，多數西方人離開了日本，這個地方便以「南京街」著稱，成為在日華人的集居地。及至一九五五年後建了知名的牌樓門，才開始以「中華街」稱呼此地。

在日華人的組成背景比在日韓國人更為複雜，包括來自中國、台灣、香港等地的移民與長期居留者，來日時間不一致，並未發展出像「在日韓國人」一般的特殊社群與緊密連結。不過，如同在日韓國人在日本社會所面臨到的問題，在日華人的生活也並非一帆風順。除了早期前來日本發展的中國人，一九八〇年代六四天安門事件之後，來自中國的非法移民成為棘手的難題。此時多數的中國移民來自中國南方的省份，並且如同早期的在日韓國人，在日本多從事低階勞動與日本人不願意做的3K產業。[3]

不過儘管如此，仍然有中國人在日本闖出一片天，著名的李小牧就是一個例子：李小牧來自中國湖南，於八〇年代前往東京留學，深受新宿歌舞伎町五光十色的文化吸引，成為歌舞伎町的「案內人」，具體來說就是引領來自中國、香港、台灣等地的遊客，前往新宿各個聲色場所，再從中抽成獲取利潤。李小牧將自己的經歷寫成書，並且在媒體上多次曝光，更在二〇一五年以兒子的身份取得了日本國籍，參選新宿區

[3] 3K產業：在日文中意指「骯髒」（汚い，Kitanai）、「危險」（危険，Kiken）、「辛苦」（きつい，Kitsui）的工作。（若在英文則稱3D產業：Dangerous, Dirty, Difficult）

的議員，成為話題人物。

同樣地，就讀東京大學博士班的劉靜如（化名），是從五歲就隨父母移民日本的中國學生，講著一口流利的日語，私下遇到來自中國或台灣的學生時，便能立即切換成中文溝通。劉靜如的父母是在中日建交、改革開放的風潮下第一批前往海外的留學生。父母在中國結婚，隨後來到日本留學、攻讀至博士學位後，留在日本的大學任教，她也耳濡目染接受良好的教育，以學術研究作為目標。劉靜如全家已經在日本定居了二十餘年，取得了日本的永久居留權，而她的舅舅、舅媽也同樣移民到日本，在日本出生的表妹也已經換成日本國籍與名字。

到了兩千年日本舉辦世足賽，如李小牧、劉靜如父母這樣來日本的留學生也大幅成長。去日本「打工留學」成為不少中國年輕人賺錢打拼的機會，他們來念語言學校，並且兼職多份打工，再將錢寄回中國的老家。但是當時的日本社會對這群外國人也並不友善，頻頻發生中國學生竊盜、非法工作的事件，使得日本社會對於外人的不信任感增高，最嚴重的事件包括中國留學生犯下了殺害福岡一家四口的強盜事件。日本政府甚至為此重新考量留學生政策，並且提高頒發簽證的門檻，要有足夠財力證明的外國人才得以留在日本。

同樣被歸納在華人範圍，但與日本歷史淵源更為深厚的台灣，又是另一段故事了。不少台籍人士，或者擁有台灣血統的台日混血兒，基於日本殖民時期的連帶前往日本發展。現今享譽全球的「日清泡麵」創始人吳百福，就是來自台灣嘉義。他從戰後日本飽受飢餓的經驗中，研發出泡麵的製作方式，推廣至全世界。此外，被稱為「日本股神」、「賺錢之神」的邱永漢，則在戰後因支持台獨而被列入黑名單，轉往日本發展後透過股票致富。邱永漢也投入了文學創作，其小說作品《香港》於一九五五年得到日本文學界最高殊榮「直木賞」，是第一個得到該獎項的外國人。另一位在日本獲獎無數的作家陳舜臣，是日本出生的在日台灣人第二代。棒球界的明星王貞治、政治家蓮舫也是擁有二分之一台灣血統，在日本生長的第二代台裔日本人。時隔六十年，另一位得到直木賞殊榮的東山彰良，同樣是在日本長大的台灣人。[4]

在日本的華人社群相當多元，二〇〇七年，在日華人的人數首次超越了韓國人，高達六十五萬人次，成為在日本最大宗的外國人群體。華人的足跡並不只限於中華街，而是分散在各地，甚至產生新的基地，例如東京都的池袋鬧區聚集許多中國人，

[4] 另一位獲得直木賞殊榮的旅日華裔作家則是來自中國的楊逸，他是第一位獲得這項殊榮的非日語母語者。

已經被稱為另一座非官方的「中國城」。民間的網站調查數據甚至顯示，東京都內每一百個人中，就有一個中國人。除了來日本從事低階勞動外，也有更多是精英階層的留學生、生意人來到日本發展，日本的企業也開始爭相採用來自中華圈以及全世界的人才，以挽救少子化、高齡化的趨勢。不過隨著中日關係日漸緊張，在日本的中國人以及來自其他地方的華人社群也面對了不少挑戰。

## 多文化日本

在當代日本社會，除了長期居留日本的韓國人與華人，還有許多是來自東南亞、歐美的其他族群，這些外國面孔在日本的便利商店、量販店、藥妝店等場所，隨處可見。無論他們是來留學還是從事藍領或白領工作，即便是拿到日本國籍，單一民族神話的威力仍使得他們難以被日本人真正接納為一份子。[5]

舉例而言，連續兩年在具有象徵性的日本小姐選美比賽當中，分別由擁有一半非裔血統的宮本亞利安那與擁有印度血統的吉川普利安卡奪得。吉川與宮本都是屬於父

5 擁抱單一民族神話的並不只是主流社會，邊緣的團體在爭取平等權利時也經常利用民族作為籌碼，例如長期受到歧視的部落民群體便利用「單一民族」、「同化」等概念來取得認同。

母其中一方為日本人的「混血兒」（ハーフ），但她們的勝利卻沒有受到日本大眾的祝福。不少日本網友在網路上批評「長得一點都不像日本人」、「她真的能夠代表日本嗎？」這些輿論都是這兩位日本小姐立志要克服的。

近年來，日本有越來越多像是宮本與吉川這樣的混血兒，或者沒有日本血統卻從小在日本生長的「外國人」，族群衝突也難以避免。二〇一五年二月，一位十三歲的少年在東京近郊川崎遭到集體虐殺，令人心寒。更令人震驚的是，犯下這樁案件的「兇手」是菲律賓女性移工與日本人生下的混血少年。這樣背景的年輕人，有很大比例是在貧困、家暴、以及不被這個社會認同的陰影下度過青年階段。長期關注外國人社群的自由撰稿人衫山春便說，兇手犯下這個案件的動機也許來自於被害者想脫離兇手的交友社群，或許也同時發洩自己不被這個社會接納的憎恨。

這樣的刑事案件令日本不得不去面對這個社會視為「他者」的群體。日本正在加強與東協（ASEAN）的交流，政策上對於東南亞人來日本發展也更為友善，不少來自越南、印尼、泰國、尼泊爾等地的人們到日本留學、打工，都想在這個國家圓一場夢，努力地融入這個社會。然而語言、文化的差異以及日本社會對移民的保留，仍然有許多挑戰必須克服。

不過，在面臨勞動力不足、少子化以及邁向「超高齡化」社會的情況下，開放外國移民成為日本社會一項解決之道。同時隨著歐洲高喊多文化共生主義，日本也緩慢地在面對這個現實，試圖去了解身在他們周圍的外國人，無論是像在日韓國人這樣的群體，還是新興的混血兒與移民。甚者，在歷史上長期被「同化」成日本人的少數民族，包括沖繩人、北海道的愛奴人等等，也都在戰後開始努力重拾自己的傳統、復興已經失去的文化，即使聲音弱小，也逐漸能在主流社會中勇敢發聲。

要顛覆一個長期被社會深信的神話並不容易，但好比小熊英二所下的結論：「打破單一民族的神話的方法，並不是用另一個多元民族的神話取代，而是要真正地從神話當中脫離出來……與不同的人們共存不需要神話，需要的只是一點點的力量與睿智。」日本或許正努力地朝著這樣的路前進，期待在不久的將來，金時鐘筆下的韓國城將不再只是個幽靈之都，而另一位詩人丁章在〈愛上日本人〉一詩中寫到的情境能夠實現：

與日本人相戀
終能愛上

自己的朝鮮與他者的日本
也愛上他人的朝鮮與自己的日本的
在日朝鮮人
重新將自己稱作薩拉姆[6]

6 薩拉姆為韓文「人」的發音，原文最後一個字「人」是以片假名書寫サラム。

# 1960-1980年代

## ＞＞＞熱血 新日本
## 從飛躍到泡沫

# 電車

## 都心的動脈

日本國民作家夏目漱石的小說《三四郎》是如此開場的：主角三四郎乘坐火車從九州「上京」前往東京求學，途中聽到一名女子與一位老人的攀談而醒來，接著三四郎回憶起他自己的旅程：「三四郎從九州轉乘山陽線火車，漸漸接近京都、大阪的時候，他看到

女子的膚色變得白皙起來，自己不知不覺地產生了遠離故鄉的哀愁。」

這一段短短的開場白，在日本文學史上是一個重要的節點：火車的到來，是現代性的重要象徵。有了大型交通工具，人們得以遠距移動，因此而有了都市化與現代化設施。看到了都市，才想到遠方的家鄉，鄉愁油然心起。故事中，三四郎前往東京讀大學，接觸到各種西化文明的衝擊，反映了明治維新後，日本人面對傳統與現代的衝擊與徬徨。

距離《三四郎》出版超過一百年的今日，火車仍然承載著乘客奔波各地，無論是求學、求職，還是返鄉，並且影響了人們的作息、腳步以及生活習慣。在日本，電車既被視為一種鄉愁，同時也是一種前衛的象徵，甚至可說是身體的延伸；更因為是都市重要的命脈，而屢次成為激進份子的目標，給予日本社會巨大的震撼。

## 電車發展史

火車、電車的交通網可謂一個城市的血脈。在日本，乘客除了經常搭乘新幹線或者特急列車來往各縣市之外，以東京都為例，由於都內房價昂貴、空間狹窄，許多人會選擇住在西北邊的琦玉縣、東北邊的千葉縣、西東京或者往南的神奈川縣，藉以節省房租成本，通勤族平均單程至少耗時一個小時以上。不僅東京，像是關西三大軸心大阪、京都與神戶之間的人口流動範圍更廣，很多人可能在京都工作，卻住在大阪或神戶和其他衛星城市。也因為如此，日本大城市電車的尖峰時段總是相當擁擠，若是深夜十二點至一點間的最後一班車，俗稱「終電」，則經常可見因聚餐、應酬喝得醉茫茫的上班族，在車上搖搖晃晃站不起來。

被稱為「電車大國」或者「通勤大國」的日本，最早的鐵道始建於一八八二年東京的新橋與橫濱之間，從此發展出國有與私有的鐵路網絡。之後隨著日俄戰爭、第一次世界大戰以及日本的經濟起飛，鐵道事業一度進展迅速。在帝國擴張與戰爭時期，鐵道更扮演著關鍵的角色，例如滿洲國的「滿鐵」，以及殖民政府於台灣與韓國所建設的鐵道，都是一種殖民現代性與權威的展現。不少殖民時期留下來的鐵路，也延續使用至今。

然而經過第二次世界大戰的摧殘，多數鐵路遭到毀壞。戰後初期鐵路權交予美軍手中，緊接著韓戰的爆發讓美國加強對日本的保護與投資，日本的經濟間接得到救贖，各路線的電車技術也不斷提升。不少今天耳熟能詳的鐵路公司，如東京都主要的JR、地下鐵，著名的私鐵公司小田急、京王、田園都市、京急電鐵等，幾乎歷史都有百年以上，各個都起於戰前，又在戰爭結束後重新以新的面貌服務大眾。隨著大量人口集中至東京、大阪等大都會，鐵道與電車的復興也漸漸恢復，除了長途運輸，鐵路公司也開發各種觀光路線，帶動了日本國內旅遊的風氣，像是輕井澤、飛驒高山等地便成為年輕女性嚮往的景點。繼三〇年代的輝煌，五〇年代後，日本鐵道迎來了第二次黃金時期。其中，新幹線的開發，更帶動了城市與城市間，以及城市與地方之間的流動。

一九六四年，為了東京奧運，從東京開往新大阪的「東海道新幹線」誕生，成為新幹線的始祖。新幹線的車輛平均時速可達兩百公里以上，開通至今只出現兩次須由鐵路公司負責的事件，備受民眾信任。至今已開發了連結本州、四國、九州的路線，並於二〇一六年開發北海道新幹線。除了沖繩等外島，現在的新幹線幾乎已將狹長的日本全部連結在一起。

鐵道的發展也導致人口流動，人們向鐵路經過的車站聚集。戰後人口重新往都市集中，都心房價昂貴，鐵路也帶動了郊區的發展。相對的，鐵路沒有到達的地方漸漸流失人口。即使其他公共運輸交通工具如飛機、長途巴士也持續發展，鐵路與電車在日本的重要性仍然首屈一指，尤其在都市中心，更是民眾的交通首選。

## 「不添麻煩」的電車文化

由於搭乘電車十分方便，可以買定期車票，也省得保養私家車輛，多數日本民眾選擇以電車通勤。由於平均通勤時間相當長，電車上的時間不能白白浪費，雖然在智慧型手機崛起後，不少人選擇以滑手機度過大部分的通勤時間，但是不少日本乘客仍堅守「傳統」，在電車上看報紙、漫畫，或者看書，甚至有些老師會拿著墊板改作業，也有不在乎他人目光的男子大方地看著情色漫畫或雜誌。

日本人經常將這句話掛在嘴邊：「給您添了麻煩了，真是抱歉（お迷惑をかけまして、申し訳ございません）。」這是日本文化的最高指導原則，沒事不要打擾別人。這種精神也體現在電車上的種種行為：車廂內的廣告不時提醒乘客，在車上請將

新聞報紙折疊成四分之一閱讀，以免佔用其他人的空間；此外日本的出版業也發行特有的袖珍式小型圖書「文庫本」，除了攜帶輕便，也利於在擁擠的車廂內閱讀。書店結帳時也會替顧客將書封包裝起來，一方面是保護書籍，另一方面則是保護客人的隱私，在公共場所閱讀時，不會輕易讓陌生人得知自己正在讀什麼樣的書。同理，在日本的電車上即便可以與同行的人講話，卻不見拿著手機講電話的乘客。至於讓座文化，則與台灣相當不同，日本電車上各種年齡的乘客都會乘坐博愛座，有時遇到年長的乘客，多半會裝作下車，「剛好」讓出座位，而不會直接禮讓。這是因為不少日本長輩認為，被讓座意味著自己年老了需要被幫助，他們並不想給人添麻煩，因此讓座者的美意反而成為羞辱。另外，日本的電車也因為平均通勤時間較長，因此容許乘客在車廂及站內飲食。這其中又有地方差異，比如東京的文化較為含蓄，很少人會直接在電車上飲食，但在風情萬種的大阪電車上，就可經常看到拿便當或麥當勞的乘客。

日本電車人滿為患的現象聞名於世，有些尖峰時段甚至必須由乘務員將乘客向車廂內推擠才能讓列車順利行駛，令許多外國遊客睜亮了大眼。這種現象不但是通勤人士長久以來的困擾，更令不少「癡漢」得逞，趁機利用人海戰術騷擾女性，許多女性則因為社會壓力以及「不要打擾別人」的社會文化而不敢大聲呼救。

為了改善問題，日本地鐵處處可見防止癡漢的宣傳海報，不少列車也設置了「女性專用車廂」，於通勤時間提供女性乘客安心乘坐。女性專用車廂最早曾於明治年間「中央線」實行，由於當時的社會氛圍認為男女不應同處同一個車廂，於是在通勤與通學時間設有「婦人專用電車」，但實行不久便作廢了。此後不少地方與鐵路公司也採行類似的政策，不過都未持久。戰後初期，為了保護女性與小孩通勤與通學，不少鐵道路線再度實施婦女專用車廂，但由於男女分隔的觀念被認為是過時等因素，再度阻斷了政策的實行。一九八〇年代，隨著癡漢問題加劇，電車上保護女性安全的聲音逐漸擴大。直到兩千年，私鐵京王電鐵才率先實行女性專用車廂。接著，以「癡漢」與「擁擠」而惡名昭彰的埼京線也跟著上路。不少鐵路公司容許小學生以下的男性以及身心障礙人士及其看護得以在尖峰時刻搭乘女性專用車廂。

根據問卷調查，女性專用車廂的政策受到多數民眾支持。不只女性乘坐電車更安心，也降低了犯罪率，避免不少癡漢的冤案。只是，反對的聲音也指出，女性專用車廂仍然被侷限在男性中心主義的框架下，認為女性是弱小的、需要被保護的，也使得沒有搭上專用車廂的女性更容易成為癡漢的目標。此外，由於女性車廂的設置，尖峰時間其他車廂會更為擁擠，加深了通勤族的惡夢。

通勤族的另一大惡夢則是「人身事故」。日本電車即便準時，要是遇上「人身事故」這種不可抗的外部因素，經常得延遲一個小時以上，甚至被困在車廂內動彈不得。所謂「人身事故」，顧名思義，就就是有人意外掉進軌道產生的事故。若因人身事故導致上班、上學遲到，乘客可至電車公司領取「遲到證明書」，向上司或老師證明自己並不是刻意遲到。雖然鐵道公司不會詳細說明原因，不過多數情況若非意外或物品掉至鐵道，那麼便是有人選擇跳軌自殺。只是，這樣的事件在日本已頻繁到乘客都已麻木，有些車站因為有特別快速的列車經過，甚至成為著名的「自殺景點」，還曾發生要自殺的乘客跳下軌道後被高速反彈至月台上的販賣店，反而造成其他候車乘客受傷的事件。

日本的電車相當於這個社會的縮影：安靜、準時、乾淨、擁擠、不打擾他人。電車這樣一個人與人之間近在咫尺，心靈卻很遙遠、互不干涉的獨特空間，孕育著強大的集體性與生命力。但是，這樣一個支撐著都市命脈的交通網，一旦遭遇到威脅，後果之嚴重也可想而知。

## 地下鐵危機：奧姆真理教事件

一九九〇年代初，日本正值「失落的十年」，泡沫經濟破滅後，經濟衰退至谷底，氣勢低迷。國民信心喪失，許多人失業，青年人面臨找不到穩定工作的困境。在這樣的時代氛圍下，不少徬徨的人們走向另類的道路尋求心理的慰藉。

約莫此時，發生了奧姆真理教地鐵沙林毒氣事件。新興宗教團體奧姆真理教創立於一九八五年，創教者麻原彰晃宣揚反社會、反人類的激進主張，融合了瑜珈、佛教與基督教等思想，宣稱自己為教主募集了為數眾多的信徒。在麻原的指揮與煽動之下，不少信徒開始零星式的犯罪，包括反邪教的律師坂本堤一家慘遭殺害，以及一九九四年六月有信徒在松本市的公寓施放毒氣，導致周圍六人死亡，兩百多人送醫。警方在調查松本市一案時，一度認定報案的河野義行是犯案主謀，當時又逢阪神大地震而延誤調查，間接讓奧姆真理教的下一個計謀得逞。

一九九五年三月二十日，一個再平凡不過平凡的上午，東京都內五條前往日本國會所在地，自民黨的政治中心「霞關」與「永田町」的地下鐵電車，分別由教徒利用報紙包裝的容器施放了「沙林」毒氣。沙林毒氣由德國發明，毒性劇烈，若人體吸到會導致肺部肌肉癱瘓並充滿黏液，因而窒息死亡。

奧姆真理教原先的目標除了國家公務員之外，還包括襲擊警視廳，意圖重創日本整個中央系統。這次事件總共造成十三人死亡，受害人數超過六千人。專家估計，若奧姆真理教擁有提煉沙林的設備，死傷人數恐怕會是數十倍至數百倍以上。此案中，日比谷線有乘客注意到沙林毒液包並將之踢至車門外，卻導致四名候車的乘客死亡，是五條列車當中死傷最為慘重的一案。

沙林毒氣事件可謂日本史上最嚴重的恐怖攻擊事件，讓日本社會受到巨大的驚駭。此後，日本民眾對於宗教團體，尤其新興宗教的不信任程度明顯升高。而都市街頭自此罕見公共垃圾桶，若有垃圾桶，也一定要使用透明垃圾袋，以免再度發生相似的攻擊事件。事後村上春樹透過深度訪談，將這個事件寫成報導文學《地下鐵事件》以及《地下鐵事件：約束的場所》，分別追溯事件之後受害者以及奧姆真理教信徒的經歷，不少倖存者即使最終痊癒，卻存在著創傷後遺症，難以融入社會。

社會學者見田宗介曾稱七〇年代左翼青年鬥爭為「理想的年代」，將九〇年代稱呼為「虛構的年代」。奧姆真理教的教徒們長期沉迷於動漫文化中虛擬的世界，將虛擬當作了真實，認為自己是拯救這個衰敗世界的救世主。另一位社會學者大澤真幸強調，奧姆真理教的信徒並不是將自己封閉起來，而是渴望解放自己的身體，透過身體的解放與他人交流。不過在這個過程中，卻分不清楚自身與他者之間的差異，並且將與自己不同的「他者」視為敵人。這樣的現象，也是日本社會轉型為消費社會後的結果之一。

奧姆真理教事件對於戰後高度發展的日本社會是一大打擊，科技與經濟快速進步，卻沒有真正除魅，反而有人以宗教之名釀成如此慘重的傷害。至今，日本的公共安全管理並沒有忘記這個事件的創傷。二〇一六年二月，一列行經愛知縣關西縣的列車因發覺異味而全列車停駛，並且啟動高級維安偵察，最後才發現該氣味源自乘客攜帶的台灣著名小吃臭豆腐。這個意外的結果不禁令人莞爾，卻也說明日本仍然沒有遺忘這個真理教事件的教訓。

## 下一站是……

如同夏目漱石小說中的三四郎，百年來，人們乘坐電車前往市區追求理想，也乘坐電車離開家鄉，前往他方。人們從畏懼、不熟悉這巨大的廂型機器直到現在習以為常。而這百年間，日本電車也經歷了幾次巨大的轉變，唯一不變的是它始終背負著載客的責任。

戰後美軍佔領時期，日本的國有鐵道便是公營事業重要的一環；八〇年代初，總共掌管了兩萬公里的鐵路與四十萬名員工。只是經濟高度成長後，配合田中角榮的「列島改造計畫」等高預算開發案，如新幹線的設置、開發以及人事預算處理不當，一下子陷入了嚴重的赤字危機。到了一九七〇年代，國營鐵路的經濟危機也連帶促使工會罷工，雖然罷工行為造成不少民眾反感，最後以失敗告終，然而對國鐵來說卻已元氣大傷。

直到一九八七年，負債累累、昏天暗地的日本國有鐵道透過法律全面走向民營化，這便是耳熟能詳的「ＪＲ」之誕生。國鐵從公營轉向私營之路，首要解決的是前朝的赤字問題，以及更加激烈的商業競爭。ＪＲ的車票價位不但比國營時期增長一倍，鐵道與電車也成為獲利的商品，經常開發不同的旅遊方案與吉祥物，以及各種鐵路觀光行程，以促進各區域平衡發展，讓人們認識更多不為人所知的地方。由於鐵道的民營化，每間公司的票價，以及每一條路線的票價都不同，不像其他大城市如紐約或巴黎的地鐵都採統一計費方式。但也正因如此，各家鐵路公司以及各個路線都保有獨自的特色與文化。

在今天的日本，電車除了通勤，更是一個具有公共性的開放場所，充分反映了日本社會諸多的現象。當年奧姆真理教之所以選擇都心的電車作為目標，也是看中了它在市民生活中的重要地位。電車承載著日本人駛向職場、家庭與外地，它既銜接了戰前日本曾經的輝煌年代，又是戰後日本經濟起飛期的代表性建設，也會繼續將這個國家的未來載往下一個階段。

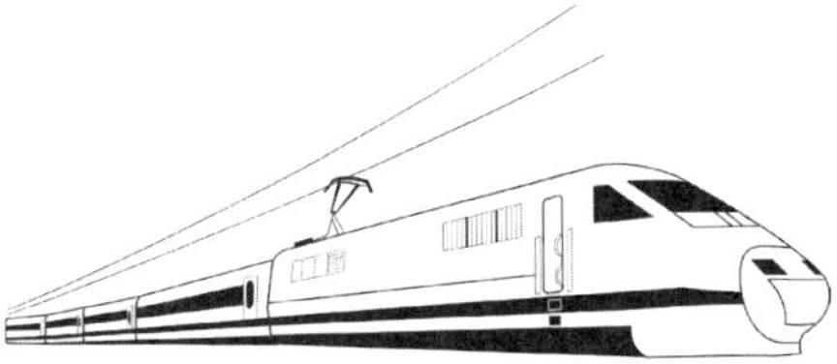

# 門票

## 華麗的盛會

在今日的東京都，無論是大型體育競賽還是巨星的演唱會門票，往往一搶而空，一票難求。粉絲們在電腦前戰戰兢兢地等待，就是為了能搶到擠進盛大會場的一張門票。

在東京，這樣的活動通常會選擇在國立霞丘競技場或代代木會場作為場地。前者落成

於一九五八年，前身為明治神宮外苑競技場，自戰前就曾舉辦不少體育競賽，戰後被美軍接管，後來為了因應一九六四的奧運，霞丘競技場交由建築師片山光生設計，成為陸上運動競賽的絕佳場地，持續舉辦各種賽事，更是歌手夢寐以求的演唱會舞台，是體育界和演藝界的「聖地」。代代木競技場座落於觀光景點明治神宮附近，當年由代謝派著名建築師丹下建三設計，是一九六四年奧運會水上項目的體育館，至今仍經常舉行曲棍球與籃球賽事，同樣也是演唱會的熱門場地。

**代謝派**

源於日本六〇年代左右的一場建築運動，當時建築界提出「能夠不斷新陳代謝、再生重組的建築」的建築理念，是第一個在歐美以外的建築運動，對日本的美學、都市規劃等具有深厚的影響。著名的代表建築師包括丹下建三、黑川記章等人。

這兩座競技場不僅承載過無數的夢想，也見證了日本與東京奧運一同躍起的輝煌歷史。數十年前，這裡人滿為患，人人為了擠進競技場徹夜排隊，為的不是演唱會，而是世紀的盛會：奧林匹亞奧運。不少外國民眾也搶著買票，在韓國的門票甚至售罄。不少海外人士表示，雖然搶到門票了，但是旅館被一掃而空，導致最終仍無法成行，由此可見當年的盛況。終於，一九六四年十月十日舉行的東京奧運會順利舉行開幕典禮。日本警視廳在國立競技場旁邊的神宮外苑動員了一萬名員警管理交通秩序，當時現場共有四萬名幸運兒，沒有買到門票無法入場的民眾則是在外頭一探究竟，或者在家裡收看電視實況轉播，體驗歷史性的一刻。

這場由日本一手包辦的國際盛事，乍看之下或許只是一個大都會的活動，實際上卻影響甚深。奧運不只是運動會，而是富有民族主義的象徵，它不但讓日本這個國家揮別「戰爭」與「戰後」的陰影，並且將日本重新拉回「亞洲第一」的前線位置。即便在此同時，日本社會面向新的世代也充滿不安與衝突（例如一九六八年的學運風潮便是光鮮亮麗背後另一個極端的面向），但奧運仍受到廣大民眾的支持，政府也利用了這些機會帶動這個國家向前進，將日本進行一番硬體與軟體的「大改造」，揮別斷壁頹垣，重新建立各種高大的建設與深層的民族自信。

## 一九六四──奧運改造東京都

一九六四年在日本是關鍵的一年。這一年東京前往羽田機場的單軌列車開通了，海外旅遊也同步開放，日本國民終於在戰後重拾出國旅遊的權益，外國人造訪日本也更為容易。更重要的是，這一年的夏天，東京舉行了夏季奧林匹亞運動會。在這之前，東京曾經角逐一九六〇年的主辦城市，敗給羅馬。然而在一九五九年下一屆主辦國的票選中，東京獲得三十四票，遠遠高於美國底特律的十票、維也納的九票、布魯塞爾的五票，贏得這項殊榮。這不但是日本的第一次，更是整個亞洲第一次舉行奧運。

事實上，早在一九六四年前，東京已有一次成功申奧的紀錄。據說，當時日本政府特別追求要在具有紀念性的「一九四〇」這一年舉辦奧運，以紀念日本第一代「神武天皇」即位兩千六百年。在一番競爭之下，一九三六年的投票由「大日本帝國」的東京擊敗芬蘭的赫爾辛基勝出。這次的成功也彰顯出日本西化以來的各項成就。申奧的過程由柔道的創始者嘉納五治郎一手包辦，顯示了日本展現國威的意志，甚至為了「得標」，日本也私下與當時義大利的首相墨索里尼商談，希望羅馬不要成為競爭對手，可見這份迫切之心。

只是不幸地，中奧成功的隔年就爆發了盧溝橋事變，也是第二次中日戰爭的導火線，日本陷入戰爭的泥淖。一九三八年在開羅舉行國際奧運委員會時，中國代表抗議日本違反了奧運維護和平的主旨精神，侵略了中國、破壞和平。為求公平，希望奧委會能夠停止東京夏季奧運與札幌冬季奧運的主辦權利。奧委會當時並沒有採取行動，但已經默默決議將主辦權交給芬蘭與挪威。日後，日本不但在戰爭中耗盡物資，無暇興建奧運設施與其他準備，日本奧委會也在軍方的壓力下以紀念紀元（天皇即位）兩千六百週年的軍事演習為由，放棄主辦權，原本令人期待的「幻之東京奧運會」化成泡影。最後，奧運改由原先第二名的芬蘭首都赫爾辛基舉辦，不過好景不常，一九三九年德國入侵波蘭，第二次世界大戰正式爆發，同年蘇聯也入侵了芬蘭，一九四〇年的奧運遂如一九一六年的柏林奧運及一九四四年的倫敦奧運，因為戰爭，成為歷史中消逝的一頁。

終於過了二十四年後，日本歷經戰爭與佔領的洗禮，並在美國的庇護下欣欣向榮。為了準備這場大工程，日本政府耗盡苦心要將東京改造為國際級都市，以迎接大量外國旅客，讓世界重新認識煥然一新的日本。除了連接羽田機場的單軌列車之外，大量的高速道路，以及旅館、體育館等建設陸續興建，東京港也經過一番整頓。奧運開幕前，東海道新幹線的開通不但是日本交通史上的里程碑，也創下世界新紀錄，不但時速高達兩百公里，更是聯結東京與新大阪的重要通路，讓人們可以更自如地前往各地。備受注目的東京都也經過一番改造，現今人們耳熟能詳的東京繁華街澀谷、原宿、代代木等地，都是因為東京奧運而「向南」開拓的成果。這一切耗資超過六十億美元，為了就是要改變世人對日本的印象。

然而，這些大工程雖然讓整個東京都煥然一新，過程中也有許多犧牲。吉卜力工作室的動畫電影《來自紅花坂》就是描寫迎接東京奧運前的都會，不少老舊建築因應奧運計畫而遭到拆除，人們也被迫離開原來的住處與活動空間。為了打造嶄新與乾淨的街景，政府更是動用了大量廉價勞力。除了硬體設備之外，各式各樣的「文明」宣導也教育著日本人如何與外國人相處，並輸入各種西式的衛生觀念，甚至有超過二十萬的流浪動物為了市容的美觀而不幸被安樂死。

不過，對於多數經歷過一九六四年奧運的日本人來說，奧運仍是個美好的回憶，因為它代表日本已經脫離戰敗的陰影，套句那個時代的流行語：「已經不再是戰後了」（もはや戦後ではない）——這句話充分展現日本已經從戰爭中復甦的自信。就連傳遞奧運聖火也象徵性地交由一位出生於廣島核爆當天的選手坂井義，以示日本已經走出傷痛。這次的奧運從昭和天皇親自舉行的開幕式、賽事流程、軟硬體各方面的超高技術以及日本社會的人民素質，都讓各國驚艷。也正是在本屆奧運中，首次加入日本的國技「柔道」項目，並延續至今。而日本代表隊除了國技柔道之外，在其他項目也表現傑出，一共獲得二十九枚獎牌，位居美國、蘇聯之後，排名第三。

這次東京奧運除了耗費大工程完成一樁國際賽事，也自此確立了日本的國際地位：日本不再是那個宣傳中可怕的敵國了，而是一個沒有威脅性的和平國家，並且在不到二十年的短短時間內浴火重生。而國內因東京奧運所建造的各大交通網絡、新興都會與基礎建設，也帶領著日本經濟起飛，重新建立生活品質與國民自信。

## 太陽之塔——一九七〇年大阪萬國博覽會

緊接著東京奧運會的成功，日本又立即迎來另一場具有歷史意義的國際盛事，只是這次將舞台移到關西的重鎮：大阪。這是一九七〇年於大阪舉辦的「萬國博覽會」。萬博與一九六四年的奧運有許多巧妙的雷同之處：這是日本首次主辦，也是萬博第一次由亞洲國家主辦。此外，日本同樣在戰前為了慶祝神武天皇二六〇〇週年，曾爭取到一九四〇年在東京舉辦博覽會的權利，但同樣也因為投入戰爭遂無疾而終。

現在由於戰後日本的復甦以及東京奧運的成功經驗，日本又再度爭取到一次在世界舞台上發光發熱的機會。

在萬國博覽會之前，日本也曾舉辦國際級的博覽會。在大日本帝國時期，大型博覽會除了娛樂效果，更重要的功能在於展示政績。一九〇三年在大阪的「第五次國內勸業博覽會」便是一次極具時代色彩的博覽會。當時日本以人類學的名義，將殖民地與邊陲民族，如台灣原住民、北海道愛奴人、朝鮮人與中國人等，以活人作為展示品，結果備受爭議與批評，最後日方只能在壓力下撤除部分展示。

時隔六十餘年，這次的大阪萬博徹底地脫離了戰前的日本形象，訴諸「人類的進步與調和」的口號，打造了一場國際盛會。如同漫畫《20世紀少年》中所描繪的，當時的萬博帶來一種充滿希望與和平的社會氛圍。整個展場依然由設計東京奧運會場的名建築師丹下健三操刀。丹下健三為日本戰後重要的建築師，除了奧運競技場之外，也以設計廣島和平紀念公園為名。他的作品與日本當時欣欣向榮的經濟相互輝映，萬博的會場也不例外。另一位萬博的靈魂人物則是藝術家岡本太郎，他設計了著名的「太陽之塔」：最上頭的黃金面孔象徵著未來，雕像背面的黑太陽臉孔則是過去，而整個塔兩隻翅膀中央的最大面孔代表著現在。太陽之塔不但成為萬博的主意象，更成為一個時代的象徵，也是至今相當受歡迎的觀光景點。

這次的大阪萬博吸引全日本的關注，山田洋次的電影《家族》便描寫了一家人搭乘新幹線前往遊覽萬博的光景。像是這樣的家族或者組合並不少見，當年還有不少教師帶著學生前往萬博修學旅行。即使當時的成人票價八百日圓相較於當時的薪資來說並不便宜，但最後仍然創下超過六千四百萬人入場的紀錄，也就是將近一半的日本人都曾到此一遊（其中一百七十萬人為海外觀眾）。這個紀錄直到二〇一〇年的上海世博才被打破。當然不少觀眾到了人山人海的萬博會場只能無止盡地排隊，並沒有仔細觀賞展場設施；另一方面，日本政府大力宣傳萬博，也被認為有「欲蓋彌彰」之意——當時七〇年代的社會，有不少年輕世代抗議政府與美國的美日安保條約，因此有一說認為政府將奧運與萬博打造成全民運動，是要藉此轉移社會大眾對於學運的注意力。

儘管如此，萬博對於日本仍是無法取代的時代記憶。整場活動高喊著迎向「未來」的都市願景，會場由各大廣告公司包辦，日本各大企業也都正式參展，顯示了日本經濟在當時的實力。萬博中使用的不少技術，包括溫水馬桶、電動步道、速食餐廳等等，都是自萬博中發跡，便流傳至今。大阪萬博成功落幕後，日本也陸續舉行了沖繩海洋博覽會、科學萬博、愛知萬博，展現出日本具有舉辦國際大型活動的實力。而在大阪，即使為期一百八十三天的盛事結束後，多數建築都已經拆遷，最著名的太陽之塔仍留了下來並改建為公園，讓這座同時擁有過去、現在與未來的三面太陽之臉，陪伴著大阪與日本迎向往後的日子。

## 「發現日本」：重新認識自己

奧運與萬博帶給日本龐大的經濟利益，也藉由這些國際活動打造了日本不少公共建設與交通工具，兩大盛事同時帶動日本的國內移動，除了城市內部重新打造，新幹線與快速道路的設立與改良也讓城市與城市之間，以及城市與鄉村之間的交流更為頻繁。另一方面，日本的景氣好轉了，多餘的時間與金錢驅使人們四處旅行。

萬博落幕不久後的十月十四日，史稱「鐵道之日」，這一天，日本國有鐵路公司（今ＪＲ）與日本最大的廣告公司電通聯合開發了一項史上歷時最長的公關廣告計畫「發現日本」（ディスカバージャパン），副標題則是徵得同意後沿用了川端康成於諾貝爾頒獎典禮時的題目「美麗的日本與我」（美しい日本の私）。[1]這一連串的

[1] 當時電通的設計總監藤岡和賀夫認為，這個標題可能是三島由紀夫替川端康成所取名。

促銷活動，最初是為了因大阪萬博而打造的列車作宣傳，希望能有效利用，不因萬博的結束而荒廢。最初廣告剛播放時飽受批評，有人批評與美國一九六七年發行的「發現美國」（Discover America）過於相似，也有人批評為什麼明明是國營鐵路，卻要彆扭地使用英文標語。然而出乎意外的事，這個宣傳成果非凡，且帶動了日本的旅遊產業。不但國鐵發行了周遊券，也因此增設數條新幹線。一首耳熟能詳的歌曲「在美好的日子出遊」（いい日旅たち）便是這個廣告計畫的一環，至今仍是許多重要場合會演唱的主題曲。

「發現日本」意在推廣日本各地的旅遊，每一張廣告畫面與其說是要為某個著名景點增加曝光率，更像是在營造一種氛圍。如同活動名稱，各個畫面取景的題材多是傳統街道、深山中的寺廟、榻榻米上的茶道、穿著和服的女子等，宛如是在探索日本都市之外的各種美景與深層文化。即使宣傳對象是日本國內的旅客，這種獵奇式的眼光也彷彿期待著日本人重新檢視自己的傳統文化與故鄉情懷。根據美國人類學家Marilyn Ivy的分析，這系列的廣告宣傳意味著在朝向新自由主義邁進的日本社會中，懷舊與鄉愁成為絕佳的商業機制，促使人們去發現一個「真實的」但為人所忽略的日本。

除了國內旅遊，與奧運會同年開放的海外旅遊，也是日本重新認識自己的另一種方式。剛開放的時候，海外旅遊仍有相當高的門檻，只有少數商務人士或者較有經濟能力的日本人會出國，且當時的日本人並不熟悉國外的事物，經常沒有遵守國外的風俗習慣，影響外國人對日本旅客的觀感，甚至還有不少日本男性在商務旅遊時前往韓國、台灣、東南亞等地買春。日本政府屢屢舉辦各種研習會，教導國民正確的旅遊行為。到了七、八〇年代後，隨著飛行技術的革新以及消費主義的崛起，情況已大為不同，日本國民在海外旅遊間遊若自如，並且也透過看見他者（其他國家）而拼湊了一幅更完整的自我圖像。

戰後初期，日本作為戰敗國在國際上不受歡迎，經常受到各種歧視。然而當六〇年代後日本再度與國際接觸，藉由奧運和萬博兩件國際級盛事的良好表現，成功翻轉世界各國對日本的印象，日本也透過改造與建設，重新看見自己的實力，並在國際肯定中培養了自信心。即使這兩次盛會所帶來的外國觀光客不如預期，但仍舊促進國際交流。就個人層面而言，日本人民在此之後，因為消費力的提升開始廣泛嘗試國內外旅遊，更加認識了一個與戰前形象截然不同的自身，他們發現了一個在戰敗廢墟中重新獲得新生的日本，以全新的姿態重新登上國際舞台。

## 二〇二〇——強勢回歸？

對於曾經歷六、七〇年代的日本人來說，奧運與萬博無疑是令人懷念的回憶，更是日本擠進國際社會的重大里程碑。此後，日本遭遇泡沫經濟與失落的十年，一蹶不振，面對東亞鄰近國家如中國、韓國的崛起，曾經作為亞洲先端的日本，再度面臨新的危機。

就在近半世紀後的這個時候，二〇一三年日本再度爭取到奧運的舉辦權，舉國歡騰。經過泡沫化後尚未復甦的不動產業，似乎看到了一絲曙光。陪伴日本超過五十年的「聖地」霞關競技場，也在相關單位的決議下拆除原地，重建新的競技場，將上一個世紀的奧運精神劃下終點，在原地重新建立另一個嶄新的奧運神話。除此之外，這也為鳩山內閣自二〇〇九年喊出的「觀光立國宣言」打了一道強心劑，各大產業都在政府的扶持下推廣訪日觀光事業，人們期待在二〇二〇年的奧運迎接來自世界各地的人們。過往的統計資料顯示，舉辦奧運通常有助於主辦國經濟成長，恰巧有助於體現「安倍經濟學」，並且再度加強日本國民的民族自信心，彷彿上個世紀奧運帶給日本的重大改變，即將重現。

然而，在看似美好前景的背後，第二次東京奧運卻也不斷傳來各種爭議。首先是新的競技場預算一再超出而被駁回，再來紛紛被爆料日方有賄賂國際奧委會的嫌疑，以及LOGO抄襲比利時劇院的標誌等醜聞，東京都政府以及相關單位則是彼此互踢皮球。再加上在這一次奧運中，日本政府強打「重振三一一」的口號，希望奧運能讓日本徹底從災害的傷痛中充滿「元氣」地走出來，然而針對福島核災議題時，官方卻避重就輕，引來民眾質疑為何政府願意斥資天價的成本舉辦奧運，卻置東北災民於不顧，整個奧運的籌備流程遇上諸多難題。

眼看東京再度成功申奧，關西的大阪也宣告即將爭取二〇二五年萬國博覽會的主辦權，打出了「生命」、「長壽」、「調和」、「不老社會」等等關鍵字，並以「人類的健康，向長壽挑戰」為主題，希望透過這一次的萬博，呈現更好的生活方式。不少大阪的政府官員表示：「趁機將大阪整頓一番」、「東京奧運舉辦了兩次，大阪萬博也想舉辦第二次」，或者期待藉此利用萬博的場地，增強新幹線的運輸，彷彿想照著上個世紀的腳本再度將大阪帶回黃金時期。然而民調卻顯示，若成功舉辦大阪萬博，有興趣前往的民眾僅僅一成，將近四成的民眾回答「不知道」。再加上大阪與關西圈的財政吃緊，日本高齡問題也尚未找到良好的對策，是否有能力再度擔當重任並且實現口號，也令外界存疑。

更多人認為，重新舉辦一次奧運與萬博，只是人們想再度回到那個美好的年代罷了。奧運緊鑼密鼓籌備之時，日本的公共廣告公司（ACジャパン）推出一系列的廣告「對手是一九六四年」（ライバルは一九六四）以作聲援，電視廣告中搭配老舊的照片影像，由人氣男星擔任旁白說道：「那時候的日本人，在笑容上不能輸，在夢想的格局上不能輸，對於人們的貼心不能輸，心靈上的富足，絕對不能輸。」即使這個廣告看似正面向上，也有網友表示不同的看法，認為只是一廂情願地美化過去罷了，畢竟那個年代除了興盛的奧運，也不是什麼都一帆風順。

然而，即便日本國內對第二次東京奧運的立場不一，海外各國卻是多持正面期待。日本隊在二〇一六的里約奧運表現良好，更令人讚不絕口的是里約閉幕式時，東京奧運融合傳統文化與次文化精彩的預告片以及安倍首相化身「馬力歐」的亮點，都讓世界對日本的軟實力再度刮目相看。外界對日本的看好與肯定，或許部分源自上個世紀日本在兩次國際盛典中的良好紀錄；而在日本國內，依然有不少民眾期待著奧運的到來，開始詢問開幕式與各項比賽的門票何時開售，從事相關行業的上班族與公務員也為了這個目標努力工作著。然而這次的奧運究竟會金玉其外、敗絮其中，還是能讓日本更上一層樓，只能等到萬人矚目的開幕式那天，謎底才會揭曉。

# 頭盔

## 紅色的青春

課上到一半，正當教授在黑板上白描希臘劇的舞台裝置圖案時，門再一次被打開，兩個戴著頭盔的學生走了進來，告訴教授說剩下來的時間希望能讓大夥兒討論，因為還有比希臘悲劇更嚴重的問題已蔓延到全世界了。

——村上春樹《挪威的森林》

一九六〇年代的校園就是這般的光景，那是一個充滿理想與熱血的年代，全球掀起一股叛逆、反戰、打破價值的浪潮，歌手唱著改革與希望的歌曲，人們高喊革命的理想。一名叫做Tom Hayden的年輕人在著名的《修羅港宣言》中寫下了這麼一句話：「我們是屬於這個世代的年輕人，我們是在舒適的環境中成長，但是我們卻不安地凝視著這個環繞我們的世界。」這句話彷彿是當時年輕人的一劑魔藥，而這個時候的日本，也趕上了這股風潮。

當時的日本經濟正在起飛，在充滿商店、咖啡廳的繁榮街道上，不時會看到這樣的畫面：成群結隊的學生揮舞著旗幟在街上參與遊行示威。不久之後，學生運動越演越烈，他們手上多了棍棒與石頭，為了保護頭部也開始戴起頭盔與白色口罩，並且利用頭盔的顏色與標誌來分辨敵我。頭盔、口罩、棍棒等，逐漸成為這群左翼學生的象徵。

不過，即使六〇年代，尤其是「六八年」被視為是一個「全球共時」的時代，知名思想學者柄谷行人卻說，即使存在全球的效應，每一個國家仍然各有當時特殊的脈絡，這是不容忽視的。以日本為例，由於日本的共產黨缺少西方國家獨立的傳統，不會對蘇聯俯首稱是、在義大利的共產黨還是有葛蘭西思想的影響，法國的共產黨則是持續在進行地下的反抗運動。相對地，日本的共產黨欠缺了思想與行動，使得以學生為主的運動份子缺乏向心力，造就了六〇年代初期產生的新左翼，領先當時世界各地。同時，六〇年代在日本也是戰後市民社會的濫觴，知識份子大鳴大放，或可說是民族主義另類轉型之起點，與當時日本正處的「昭和」文化緊緊鑲嵌。

**昭和**

柄谷行人在此指的「昭和」主要是指昭和三〇年代（西元一九五六年）這段期間的時代氛圍與脈絡，描述該時代相關的作品包括《烏龍派出所》、《三丁目的夕陽》，是日本在全球這股反抗風潮之下保有獨特的「日本性」的一個表現。

到了一九六八年，日本社會更是風起雲湧，學生成為運動舞台的主角。電影評論家四方田犬彥在他高中生的回憶錄中，提到旅日中國學者張競的一個比方令人印象深刻：一九六八年彷彿就像是世界舞台上的一場京劇，巴黎扮演小生，東京擔任女角「旦」，華盛頓與莫斯科是「淨」，而北京則是丑角的「丑」。只是，隨著劇情進入高潮，東京不再只是扮演溫柔的花旦，彷彿墮落的天使淪為山間的厲鬼、城中的幽靈，遊蕩至今。

## 「我們不要戰爭了」：反安保鬥爭

這一切都要從反安保抗爭說起。長達六年的美軍佔領時期後，一九五一年日本與戰勝國簽訂「舊金山合約」，當時日本的首相吉田茂也「順便」與美國簽了「美日安保條約」。根據這份條約，即使美國在日本的佔領期結束，日本重拾主權，以英軍為主的聯合國部隊也撤除了，但美軍仍然持續在日本駐紮。到了一九六〇年年初，首相岸信介與美國總統艾森豪又簽署一個新的安保條約，根據這份條約，日本與美國要互相協力維護遠東的和平，也就是說日本不再只是被動的角色，而是以集體自衛權為前提，更積極與美國合作。

**美日安保條約**

一九五一年九月八日，美日雙方與舊金山條約一同簽署，此約協議讓美國在內的聯合國軍撤離日本，並且議定在戰後日本連自衛的武力都尚未充分發展的前提下，美軍得以「駐守」日本，以保衛東亞區域的安全。

**新安保條約**

一九六〇年一月十九日，由日方的岸信介（日本首相）與美國總統艾森豪簽訂。與原本的美日安保條約不同之處在於，新的安保條約是建立在日本「集體自衛權」的成立下，並且明文表示美日雙方將共同防禦東亞，在事前協議的條件下美軍得以駐守日本，且美軍得以享有免稅、自行裁判權等利益。這項條約以十年為期限，若雙方無意解約，則繼續生效。即使日本政府聲明這樣的舉動是為了讓日本更獨立，但不少人認為這個條約並不平等，只會讓日本更加依賴美國。

當時的日本剛結束被佔領期，社會對戰爭的恐怖記憶猶新、對佔領軍美國亦沒有好感，左派勢力蠢蠢欲動。岸信介這一步棋，簡直成為壓垮駱駝的最後一根稻草。早在前幾年，岸信介就已經聲名狼藉，他不但是戰前鼓吹戰爭的一份子，日本戰敗後被視為甲級戰犯嫌疑犯，最後卻離奇地未被起訴並免於刑責，因此又被稱作「不死鳥」、「昭和妖怪」。有一說是盟軍裁判發現他曾與東條英機有過爭執，而在《反安保：藝術之戰》這部紀錄片也有提到另一種假說，岸信介暗中與美國協商，若美國能協助他度過難關，他會以通過安保法案「回報」。岸信介在一九五六年的選舉中與同屬自民黨的石橋湛山競選而落敗，隔年石橋首相因病辭去職位，時任外務大臣的岸信介則藉此登上首相大位，正式掌權。

上任之後，岸信介曾經企圖推動法案擴大警察的權力，被戲稱是「連約會都要打擾的警察」，遭到民眾大力反抗，最後在在野黨的協力下擋住了這項修法，成為安保鬥爭之前奏。很快地，當岸信介與美國試圖簽訂新的安保條約，立即引起民眾的恐懼與反彈。人們害怕這個法案代表日本又要再度捲入戰爭，許多民眾開始站了出來並且組織各種運動團體，其中最著名、手段也最激烈的群體是學生，他們利用組織「全學聯」以策劃各種行動。一九六〇年初，當全學聯的學生得知岸信介即將前往美國與艾森豪總統會面時，他們發起行動立即前往機場圍堵首相出國，產生嚴重的肢體衝突，然而最後仍然無法擋下岸信介的班機，岸信介依舊順利飛往華盛頓與美國總統會面，商討新法案的修訂。

**全學聯**

一九四八年由一百四十五間大學的自治團體所創立的組織，最初受到日本共產黨強烈的影響，主張教育改革，反對赤軍整肅（戰後日本盟軍佔領時期，日本共產黨得到了合法的地位迅速擴張，此舉令美國相當不安因此大幅清肅共產的行動）、韓戰，講求和平，但在一九五五年後開始批判日本共產黨過於傳統路線，其中比較活躍的幾個組織之後發展成為「全共鬥」。

不過，即使岸信介逃過了一劫，社會上對於安保的敏感度也逐漸加溫。同年五月十九日達到最高峰。日本的眾議會在這一天舉行投票，岸信介所領導的執政黨與在野黨社會黨一直無法取得共識，在野黨議員甚至佔領了主席台，雙方大打出手。議場外也聚集不少等候的民眾，焦急著想要知道會場內部的狀況。只是這一天的會議遲遲沒有結果，最終隸屬自民黨的國會議長動用警力將反對黨議員趕出議場，終於午夜時分在「黑箱作業」下強行通過了安保法案。

這個舉動激怒了民眾，除了安保法案原本就讓人有疑慮之外，岸信介等餘黨的所作所為更無疑是「破壞民主主義」。當時議會內部也有自民黨的成員不認同這種作為而選擇棄權或者不出席投票，包括上一任首相石橋湛山。岸信介本人的支持率更是降至只有百分之十二，可是他卻絲毫沒有低頭的打算，甚至放話說：「國會前雖然很多騷動，但銀座跟後樂園球場還是人滿為患，我聽得到『沉默的多數』（声なき声）的聲音」。此話一出，群眾更加憤怒，人們開始上街遊行示威，告訴政府他們不會再任人宰割，有人反對安保法案，有人不滿破壞民主主義的程序，也有人是對岸信介這個政治人物不滿，但儘管每一個上街的人都抱持不同的想法，他們都共同擁護同一個信念：「我們不要再有戰爭了！」

抗爭日益劇烈，每一天在永田町的國會大樓門口都有為數可觀的民眾聚集。原先在美日安保條約通過的那一刻，已預定了艾森豪總統即將訪日。到了六月十日，美國總統秘書哈格提剛從羽田機場抵達了日本，準備替總統之行做準備。不料哈格提一下飛機，便發現自己立即被憤怒的群眾包圍，有人向他高舉著「美國，給我滾出日本！」的旗幟。甚至當他與同行者進了車準備離開時，仍不停遭到棍棒與石頭的襲擊。最後，尷尬的一行人只好坐上直升機逃離現場。

等到六月十五日這一天，日本人民集體的憤怒更是上升到頂點。國會前聚集了超過十萬名民眾，最高紀錄高達三十萬人以上。其中還混雜著支持政府的右翼與宗教團體，戴著頭盔、握有警棍的警力與民眾產生激烈的衝突。激烈的民眾舉著標語，突破國會防線，警方則出動噴水車試圖驅趕抗議的群眾，群眾不甘示弱，以汽油、石頭等回擊。當時，一名女性雜誌的記者問了在場一位參與運動的女學生說，「你相信要求國會重組能夠阻止安保法案通過嗎？」這名叫樺美智子的東京大學女學生回答，「是的，我的行動是基於我的信念。」說完，她便消失在人群當中。

只是，樺美智子再也沒有回來。當天晚上，她被同行的友人抬了出來，疑似在衝突中遭到重擊不治。發起運動的全學聯內部也產生了衝突與矛盾，相互指控。新浪潮導演大島渚在《日本的夜與霧》中就有這麼一段對話，似乎已暗示了學生團體將來的命運：在醫院裡的一個學生說，「如果有人被殺了，那就說明了領導層有問題，他們必須保證不會有犧牲的。」另一名受傷的學生卻回答：「如果能夠拉下岸信介並且阻止安保法案，我不介意犧牲。」

樺美智子的死亡意味著這場運動不只是兒戲，而已付出人命的代價。為樺美智子哀悼的同時，群眾也更團結起來對抗他們的敵人，他們控告政府執法過當，「虐殺」平民，也有人在國會山莊前的角落為樺美智子獻上一束束鮮花。不過，當民眾為樺美智子的死而感到憤怒與悲哀的同時，很快地在四天的激戰後，安保法案默默地「自行生效」，大勢已去。這是因為當時的法律條文，明文規定前一個月所通過的法案將在三十天後自動生效，而這一天剛好是五月十九日「黑箱」法案通過的整整一個月後。在三十天的動盪後，最終安保法案仍然生效了，這對許多積極參與運動的人來說，是不能接受的結局。

不過，抗爭並非什麼都沒有改變，原先預計這一天前往日本的艾森豪總統，已取消行程。不過，他其實只是換了一個目的地罷了。這一天，美國總統拜訪了沖繩，去視察這個當初完全由美國所掌控的群島。在這裡，儘管不是所有的人都這麼歡迎他，至少他不會遇到如秘書哈格提在東京的遭遇。到了六月二十三日，法案正式完成修法的日子，岸信介表明自己即將辭去首相一職。直到他正式辭職的前一天，還遭到激進份子突襲重傷，可見岸信介堪稱當時頭號「不受歡迎人物」。而後世對於這一次的安保抗爭，也認為民眾的憤怒多半是針對岸信介：他們不滿意這個屬於東條英機內閣成員的甲級嫌疑戰犯不但當上了首相，政治手腕又強硬不妥協。與其說安保抗爭是反對美日安保法，其背後的目的其實更傾向「倒閣」。也因此，隨著岸信介下台，一代傳奇式的反安保抗爭也宣告收場，同時也為往後的革命鋪了溫床。

## 時代並不溫柔：紛亂的校園

安保抗爭失敗了，宣告一個運動的結束。新上任的首相池田勇人在這一次的抗爭中，看到了日本藏有一有股巨大的能量，而他打算將這個能量導向另一個方向：經濟。池田喊出「國民所得倍增計畫」，日本的經濟逐漸有起色，再加上開始籌辦一九六四年的奧運，日本史上規模最大的社會運動安保抗爭就在這樣的氛圍下緩緩落幕，曾經走上街頭的人們，也重新回到自己的日常生活。

只是，對於某些人來說，運動並沒有結束。即使社會運動陷入低潮，反安保抗爭像是一個導火線，激起年輕世代對於社會的批判能力。不少學生不甘如此罷休。當時日本經濟急速發展，人們大量朝向都市移動，個人主義也隨之興起，根據社會學者小熊英二的分析，此時社會結構已經慢慢地在解構戰後初期強烈的團體連帶，安保抗爭那種團體行動的方式正在式微，取而代之的是各種零星的運動。尤其這個時候大學也開始大量擴張，年輕的學子們上大學也碰上學費高漲、大學學店化的趨勢。這一群受到安保抗爭啟發的年輕人看見這個國家正被資本主義蒙蔽，按捺不住心裡的那股憤怒與焦躁。

這個時候，岸信介已經從大位上退下，繼任的池田勇人也因病辭職，選定了佐藤榮作擔任首相。有趣的是，佐藤榮作是岸信介的親生弟弟，卻展開了與岸信介截然不同的政治生涯：佐藤不但是目前日本連續任期最長久的首相，更在一九七四年榮獲諾貝爾和平獎。[1]不過，其任內雖然達成多項政績並且帶領日本進入黃金時期，當時日本的社會也並非那麼和平。一九六七年，時值越戰的反戰風潮，佐藤首相表示在軍資等面向協助美國，並且在十月前往羽田機場搭機飛往東南亞各國，也包括正在越戰泥淖中的越南。這個消息被「新左翼」的全學聯探知，他們打著「阻止佐藤首相訪問越南」的目標侵入羽田機場，警視廳則封鎖了好幾個進入機場的通道，學生一方開著裝甲車與警察相互對峙，產生了嚴重的衝突，最後導致一名京都大學一年級的學生山崎博昭死亡。根據警方的報導，他是被同伴所駕駛的車輛輾過而死。

山崎博昭是繼樺美智子之後，日本戰後第二個社會運動犧牲者。只是此時激烈的學生運動已經走向孤立化，社會大眾對於山崎的同情未如樺美智子那般廣泛擴散，但在學生之間仍有巨大的影響。越來越多人省思運動的本質，也有許多人受到激發，投

1 佐藤入贅妻子的家庭，岸信介則是當別人的養子，因此即使為親生兄弟，姓氏並不相同。岸信介是第五十二任日本首相安倍晉三的外公，佐藤榮作則是他的外叔公。

入政治的使命。新左翼也在這次的事件中有所改良，他們在行動中開始使用棍棒，並戴上工程用的頭盔以在激烈的衝突中保護頭部，並且在頭盔塗上紅色作為新左翼的標誌。

一九六八年後，新左翼學生的行動更加激烈，這一年內將近一百一十五間大學發生了學生運動，各個大學間也成立了「全學共鬥會議」（全共鬥）的串聯組織，他們深受左翼思潮影響，聲稱要「將大學解體」、「自我批判」，由日本大學和東京大學率先發起。[2]最激烈的戰場在東京大學：在這所頂尖大學的醫學部，學生們要求改善不合理的實習制度，卻被校方冷處理，學生開始罷工而與校方產生紛爭。最後東大校方處分了十七名學生，其中有名學生極可能遭到誤判，學生與校方之間的衝突日見升溫，終於在一些激進派學生的帶領下，部分學生衝進東大最具有象徵性的建築物安田講堂，只是很快地，東大校長立刻請動警視廳的機動隊驅離學生。

2 日本大學的學生先是發現有教職員疑似收賄，再來又被檢查出二十二億日圓的資金流向不明，對於當時生活拮据、繳高額學費的學生來說當然是憤怒交加。當時的學生議長於是帶領學生與校方「作戰」，佔領了教室與校園，而校方也不遑多讓，在學生內部搞分裂，最後直接派警視廳驅離學生，一名警官在與學生對峙的過程中，遭到學生投擲的石頭因而殉職。

不料，「警察進入校園」這件事情讓學生的憤怒火上加油。在學生團體的領導之下，他們開始罷課，也組織了「東大鬥爭全共鬥會議」，由身兼東大物理學博士生的反越戰運動參與者山本義隆擔任議長。山本當時是非常優秀的年輕學者，甚至有人指望他會為日本摘下諾貝爾獎，然而他認為應該與學生站在同一陣線而投入運動。在山本等人的領導下，學生們罷課、佔領校園建築物，連當時的委任校長都表示「再這樣下去明年恐怕得停止招生了。」校園間的紛亂一直延燒到隔年一月，校長再度派請上千名機動隊進入校園。而學生們不甘罷休，再度佔領安田講堂與其他校舍，不少東大之外的學生們也加入這場抗爭，他們用教室桌椅做成路障、戴上頭盔與面罩，手持棍棒，或者從空中丟下酒瓶去對抗警方的盾牌、滅火器與噴水車，足足對峙了兩天。而電視也實況直播抗爭現場，收視率高達百分之四十四・七，到了夜晚，雙方甚至開始丟擲瓦斯彈，局勢緊張。

在兩天的激戰後，最終如同多數的學生運動的下場，東大的學生依舊敵不過國家的警力。除了受傷的警員之外，被逮捕的四百名學生中，兩百七十名身負重傷，其中一名甚至失去雙眼。領導人之一的山本義隆也被開除學籍，送進監獄。他出獄後只能去補習班教書，一教就是三十年，其間仍持續出版物理學的著作。而東大當年則是停止招生，安田講堂從此更關閉了將近二十年，直到物理學者霍金前來演講時，才再度對外開放。不過，即使運動失敗了，東京大學的學生運動卻激發了全日本的學生，連高中生也加入這個行列，如村上龍的小說《69》就有這麼一段學生與老師之間的精彩對白：

「老師討厭戰爭嗎？……如果討厭卻又不表示反對，就太懦弱了。」

「那沒關係吧。」

「有關係啊，美軍正在使用我們的港口啊，而且是為了去殺人。」

會這樣說話的學生，有些厭惡美國帝國主義，有些為美國在越南的戰爭濫殺平民而義憤填膺，有些人抗議政府在成田擴建機場，每個人懷抱著各式各樣的理由，只為將理念付諸實踐，急著衝破蛋殼。

不過在村上龍的小說中，老師的下一句話是這麼回答的：「這不是你們該去思考的問題……還是等你大學畢業、就業、結婚生子，變成成熟的大人之後再說吧。」

這句話也彷彿當頭棒喝，預言著這些喊著「造反有理」的學生們的未來。在那個不溫柔的時代，那些當年戴著頭盔的學生們，也在現實與理想的衝突之下，走向了兩極的道路。當學運持續在各處萌芽，學生運動組織也逐漸產生各種裂痕，在未來屈指可數的日子內即將產生劇變。

## 赤軍的終章

曾經是小孩
的我們
大家都長大了

我們之中
一個人為了留學
剛剛從羽田機場出發

另一個人
72年那年2月

## 在黑暗的山中迷了路

——樹村みのり

自從安保抗爭以來，左翼勢力在日本逐漸擴張並且分歧為好幾個流派。尤其年輕學生的組織更為激進，與日本共產黨、社會黨等既有組織逐漸分流，被稱為「新左翼」勢力，並且被人戲稱兩者的差異在於「不鬥爭的既成左翼，鬥爭的新左翼。」只是在安保抗爭失敗後，新左翼也喪失了集體的目標，組織四分五裂，內部產生各種衝突。這時，各地紛紛傳出學生組織的各種內鬥事件（內ゲバ），一九六九年芝浦工業大學的學生組織內鬥，最後導致一名埼玉大學的學生死亡，也讓全共鬥即將陷入絕境。

**新左翼**

與原本的「既成左翼」（如共產黨等有一定規模與歷史的左翼團體）在派系上有所不同的左派，往往被視為是「過激派」、「激進左翼」。屬於新左翼的團體分成非常多派系，思想上有些團體偏向蘇聯，有些偏向中國，有些又偏無政府，較為著名的有中核派、革馬派、日本赤軍等。

進入到了七〇年代，內部鬥爭演變為互相殘殺，發生了超過一百起殺人事件。學生運動從喊著理想的口號，逐漸走向暴力的不歸路。除此之外，也開始有各個小型團體自行策劃行動，其中一個自稱「赤衛軍」的學生團體偽裝成自衛官進入了自衛隊駐紮地，試圖奪取武器，最後不但目標沒有達成，還殺害了一名年僅二十一歲的自衛官，並且在現場留下新左翼組織的頭盔與旗幟。這個事件意謂著暴力不只存在於學生之間，已經蔓延開來傷害到學生組織外圍的人。當時還發生時任記者的川本三郎與另一名同業在採訪的過程中，包庇犯人並湮滅證據，最終被判刑，也讓日本的大眾媒體名譽掃地。多年之後，川本三郎在他的半自傳作品《我愛過的那個時代》中形容，自己曾經在安田講堂攻防戰的時候坐立難安，因為明明與自己有相同理念的人都在另一端奮鬥，自己卻只能站在一旁觀看。因此當他遇見年輕有抱負的「赤衛軍」成員時，按捺不住那股滿腔熱血，孰料最終卻迎來這樣的結局。

古巴革命家切格瓦拉曾說，「一個真實的革命者是被偉大的愛所指引。」但是在新左翼的一些流派間，革命不再是為了愛與理想，反而是暴力甚至仇恨。在新左翼眾多分支團體當中，「聯合赤軍」的行動最為激烈。[3]他們先是在群馬縣襲擊了狩獵槍

[3] 這些行動分別由革命左派（京濱安保共鬥）與赤軍派執行，後來合流為「聯合赤軍」。

枝的店家，奪取了武器後，搶奪金融機關的現金，遭到警方追捕。於是他們逃到山岳中的據點，並且計劃進行軍事演練，此時組織內部卻由於行動不順利而互相矛盾，開始進行「反省運動」，自我批判檢討。不料，這場「批鬥大會」越演越烈，最後發生毆打、虐殺組織成員的慘況，甚至宣判不配合的人接受「死刑」，一共有十二名成員遭到殺害，多數人遭到餓死與凍死的懲罰，其中包括了組織成員的戀人、手足，甚至還有懷孕的成員慘遭毒手。

這場行動維持了將近兩個月，聯合赤軍成員將一些山中據點燒毀並且掩埋屍體以湮滅證據，他們持續更換不同的據點，有些成員幸運逃逸。有一日，當最高幹部森恒夫與永田洋子剛好準備「上京」辦事時，赤軍的成員從收音機中聽到他們的行蹤已經被警方鎖定，於是匆匆忙忙逃跑到鄰近的長野縣。當時正值嚴冬，山間瀰漫著霧氣，赤軍成員手邊又沒有地圖，偶然來到了度假勝地輕井澤。他們很快被警方追上，幾名成員在下山途中也被逮個正著，兩位首領在激烈掙扎後被警方拘捕，最後剩下五名赤軍隊成員逃到了由河和音樂公司持有的「淺間山莊」。

當時淺野山莊的管理員剛好出門遛狗，山莊內的旅客也都出門旅遊，只剩管理員的妻子留在山莊裡，她馬上變成五名赤軍成員的人質。很快地警方立即包圍了整個山莊，赤軍於是與警方展開圍城對抗：警方大力封鎖，斷了山莊的水電，並且製造噪音試圖在不動用槍枝的狀態下，讓赤軍成員投降。然而另一方面，握有槍枝的赤軍頑強抵抗。警方甚至請了兩位赤軍成員的母親前來說降，一位母親向兒子喊著：「孩子，毛主席已經與尼克森總統握手了，你們完成了毛主席交給你們的任務了，回家吧！」沒想到，這位母親的兒子聽了這一番話後，反而朝母親與警方開槍。

談和失敗，僵持了十天之後，警方下了最後通牒，但未獲赤軍回應。於是二月二十八日，警方開始以鐵球撞擊山莊，決定強行救出人質。他們以催淚彈掩護機動隊衝進室內，但立即遭到赤軍隊成員開槍攻擊，兩位警察中彈後不久即殉職，也有多名警員受傷。另外有一名民間人士想說服赤軍解放人質，靠近山莊時也死於槍下。警方立即下達開槍命令，終於經過一番激戰，成功解救了人質，並且逮補了五名犯人。

這個事件對日本社會影響深刻：過程中，日本的電視台全程現場直播，全民都提心吊膽地看著這場正在上演的劇碼，收視率高達九成，創下日本電視史的紀錄。在電視畫面中引人注目的除了緊張的對峙之外，警員在低溫下所食用的「日清泡麵」也一夜成名，在事件過後，盈利較前一年增長了三十三倍。

聯合赤軍的成員在事件中被一網打盡，也宣告了組織的終結。左翼勢力陷入谷底，不但得不到社會的同情，隨著內鬥殺人事件公諸於世，他們也徹底失去了社會的信望。再加上如同那位苦心的母親所說，毛澤東與美國總統握手談和，這在許多抱有理想的左翼青年眼中彷彿晴天霹靂，甚至不少人選擇自殺或者遠走高飛。這個時候的日本正準備進入經濟高度發展時期，不少當年喊著革命與馬克思主義的學生，也在時代滾輪的推動下，慢慢放下書本與棍棒，進入一間間大企業或者公部門過著安穩的生活。當年這個滿城風雨的淺間山莊則於十年後被中國企業買下，歷史總是這麼地諷刺。

## 左翼的黃昏：「當時覺得只要能改變世界就好了」

淺間山莊事件宣告了新左翼全共鬥的終結，然而故事還沒有結束。餘下幾名赤軍成員，與聯合赤軍首領森恒夫與永田洋子不合，在日本左翼勢力崩壞後選擇遠走高飛，遠赴巴勒斯坦重新建立日本赤軍。其中的最高領導者是重信房子，外號「黑髮魔女」、「女王」，其父是戰前右翼社團血盟團的成員，重信房子從小就展現了領袖特質，從安保抗爭以來一直都是學生團體中的領袖，與父親走向政治光譜截然不同的道路。在聯合赤軍失勢時，她與同夥奧平剛士假結婚後逃到巴勒斯坦，策劃許多件恐怖行動，最著名的是由奧平岡士與兩名學弟所帶領的特拉維夫機場恐攻，他們從小提琴盒中拿出機關槍與手榴彈，造成二十四人死亡與上百人重傷的慘劇。奧平與另一位成員安田在行動後自殺，另一名赤軍成員岡本公三淪為俘虜。這件事情不僅震驚國際，也讓日本政府顏面盡失，賠償了每位受害者家屬一百萬美元的慰問金；但是在巴勒斯坦人民的眼中，這些日本人卻是英雄。

重信房子在恐怖攻擊及劫機事件爆發後成為國際通緝犯人，她在九〇年代潛逃回日本，直到兩千年在一間酒吧因具有個人風格的抽菸姿勢而被認出，遭到逮補。重信房子在獄中宣告日本赤軍的解散，她說：「在過去特殊的時代下，赤軍所做的事情一向代表人們的需求，但是現在我將解散日本赤軍，轉而在法律的範圍內繼續奮鬥。」

只是，縱使重信房子說要繼續奮鬥，左翼在日本的聲勢已經一落千丈，當年涉嫌殺人的新左翼領導者森恒夫在獄中因懊悔自殺，永田洋子則是多年後在執行死刑前病逝獄中。現今，人們一想到學生運動與左翼，就會想到當年這些激進派如何假借理想之名犯罪。現在的日本也背負著歷史的包袱，街上的社會運動已經看不到戴著頭盔的運動分子，只看見曾經經歷學運時代的中年長者，仍舊奮力揮舞著寫著理念的旗幟。

入獄多年後，重信房子在專訪中曾經嘆道：「當運動停滯不前的時候，我們走向了武裝抗爭；當世界各地的學生運動正盛行時，也有一些人回故鄉持續運動。當時如果我們回到故鄉持續運動的話，可能結果也就改變了吧。」她接著說，「當時覺得只要能改變世界的話就好了。」

「改變世界」是一個多麼真誠的理念，只是時代太殘酷。對於活過那個年代的人們，六、七〇年代的抗爭如此不堪回首，又如此真實。革命沒有成功，但仍留下了痕跡與力量，好比川本三郎回憶他當初觀賞法國紀錄片《沒有陽光》（Sans Soleil）時的那股悸動，螢幕上，激烈的學生運動畫面搭配著女聲旁白，溫和地說道：「跟其他的運動一樣，這裡有陰謀家也有功利主義者。不過這個運動就像是切・格瓦拉所說的那樣，讓所有『對任何不義義憤填膺的同志』都能夠站起來」，而這件事情本身，「可能比他們的政治行動本身擁有更長的生命。」

# 汽車

## 華麗的年代

一九八二年六月十九日，美國的汽車工業重鎮底特律發生了一件事。這天，一名為陳果仁（Vincent Chin）的華裔美國人正舉辦著他婚前的單身派對，遇上一個白人男子及其繼子，雙方產生衝突，他們向陳果仁咒罵：「就是你們這些日本人，害得我們失業！」一番

打鬧之後，陳果仁一行人被趕出店裡，這對父子緊追不捨，當他們在麥當勞找到陳果仁時，用球棒連續擊打陳果仁的頭部，最後導致他的頭骨破裂。

四天之後，陳果仁於醫院過世。原本要舉辦的婚禮反而成為喪禮。陳果仁並不是日本人而是華人，只因有著亞裔的面孔而被誤認，而他本人也是在汽車工廠工作，卻無緣無故成為仇恨言論與仇恨犯罪下的犧牲者。這兩位肇事的男子雖然承認了罪行，卻被法院輕判三年有期徒刑，引發美國亞裔群體無以復加的憤怒。

這個事件除了顯示了美國內部對少數族裔的歧視，也隱含了更大的時代背景。一九七〇年代後期，當日本資金不斷匯入美國，首要衝擊的是美國三大車業龍頭：汽車廠商福特、克萊斯勒以及通用汽車。他們發現客戶因石油危機而選擇了日本廠商的汽車品牌，在美國眼中，日本逐漸成為威脅。美國社會開始對這個曾經被自己打敗的戰前敵人感到恐慌，各地破壞日本汽車的事件層出不窮。

戰後的日本經濟跌入谷底，面臨饑荒與各種社會問題，這樣一個國家卻在短短幾年內快速重建，經濟實力緊追美國。在美軍佔領時期，日本首相吉田茂甚至鼓勵民眾說，「大英帝國是上一個世界強權，她的前殖民地美國成為目前最強大的國家。因此目前作為美國殖民地的日本，也能在之後成為世界第一。」二十年後，吉田的預言沒有完全失靈，至少有一段時間，日本差一點成為「世界第一」，這不僅對日本意義重大，也影響了世界各國對於日本的定位。

## 「日本製造」：從低價廉貨到品質保證

戰後的日本在美軍扶持下積極重建，當周圍的韓國爆發韓戰、蔣介石政府敗退至台灣，日本也成為美國在亞洲最可靠的盟友，連帶使日本在冷戰局勢下多了幾分優勢。美軍佔領期間，解散了日本所有戰前的「財閥」，將之改為「系列」公司，例如今天的「三菱」、「三井」等大型集團以及各種中小企業，都在日本政府的強烈支持以及美國的外援下，寫下新的歷史。

從一九五四年的「神武景氣」開始，日本開發了電力發電、煉油的技術，景氣欣欣向榮，產生了所謂的「三神器」：洗衣機、冰箱與黑白電視，催生了戰後的消費主義以及中產階級文化。一九六〇年，首相池田勇仁甚至大打「國民所得倍增計畫」，推行提高了日本的生活物價，效果則比預期中倍增。內需飽足之餘，日本也向國際市場進攻。當時所謂的「世界工廠」並不是在今天的中國或者七〇年代的台灣與韓國，而是在日本。日本複製西方在製造業上的技術，再以便宜的價格出售。最初，「日本製造」（Made in Japan）的商標在許多歐美人眼中意指便宜貨、品質不佳。但很快地，日本開發了新的技術，逐漸在品質上超越了西方國家，日本的整體GDP更是以每年百分之九的驚人速度成長。

**神武景氣**

指一九五四年十二月至一九五七年六月間，日本戰後第一次的經濟高峰，是日本高度成長期之濫觴。（神武，日本傳說中第一代天皇神武天皇。）

到了七〇年代初期，日本同樣受害於石油危機，經濟成長趨緩，卻也刺激日本經濟轉型，例如改為發展半導體業，並在鋼鐵、製船等重工業持續進步。同時，日本汽車由於較為省油，成為石油危機下的一大優勢，日本汽車以豐田為先鋒，進入英美市場，美國的製造業尤其受到衝擊。此外，日本的電子業也快速發展，如同今天的蘋果iPhone，當時人們視Sony的隨身聽為高級的象徵。松下、日立的產品，也被視為具有打敗Intel與IBM等美國大企業的潛力。日本彷彿對全世界宣告，他們已經從戰爭的夢魘中走出來了，正在蓄勢待發，期待一鳴驚人。

## 「日本第一」的黃金時期：花不完的日本錢

一九八五年九月，美國為了解決國內嚴重的赤字問題，邀請當時另外四大工業國：英國、法國、西德與日本，於紐約市廣場飯店秘密協議，希望干預外匯市場並且調整對美元的匯率。這個舉動意外地讓日本成為最佳受惠國，日幣對美元的升值率高達百分之八十六，一瞬間日幣大漲。

在日幣持續上漲的走勢下，日本國內先是展開各種工程，包括建立高速公路、度假村、海港等，像是東北高速公路、神戶人工島、橫濱未來港都是當時政府投資在公共事業上的計畫。日本政府也同時推行低利率政策，大量減稅，因此民間市場的資金不停流入不動產和股市，造就「土地神話」與投機式的投資，形成一種「土地不會貶值」的觀念，使得日本地價不斷飆升。當時不少諸如此類的傳言：如果天皇想出售皇居，足以購買美國加州；而東京二十三區的地價，已經可以購買整個美國。由此可見地價如何驚人。

此時，日本國內景氣大好，在企業工作的白領上班族（サラリーマン）即使工時長，但以男性為主的上班族因為享有極高的社會地位，都為此感到光榮；人力市場也因為景氣繁華而出現人才供不應求的現象，企業間為了搶人，不惜在說明會、面試等場合提供「車馬費」，拿到「內定」之後還要犒賞錄取的新人享用一頓大餐，或者招待他們去旅遊才足夠留住人才。一般的上班族的薪水也相當優渥，足以讓不少家庭購買高檔外國跑車，或者定期海外度假旅行，或者「爆買」式地購物。

除了日本不只海外購買力驚人，經濟實力也同樣上竄。首先，汽車不但持續輸入他國，甚至美國極具象徵性的好萊塢哥倫比亞集團以及紐約市的洛克斐勒大樓，也被日本財團收購。一九九〇年，日本的資金還購買了一座位於加州的圓石灘高爾夫球場，舉辦了史上唯一一次在外國擁有的球場舉行的高爾夫球比賽。在藝術與奢侈品市場，日本人也大有斬獲，一九八七年梵谷的名畫「花瓶裡的十五朵向日葵」由安田火災保險（今損害保險日本興亞）的董事長以四千萬美元的破紀錄價碼收購，儘管事後各界對於該畫的真實性一度有所爭議，卻也讓這幅畫的知名度一夕之間大漲。更著名的是當時大昭和製紙（今日本製紙）的社長齋藤了英斥資近八千萬美金購買梵谷另一幅名作「嘉舍醫師的畫像」，齊藤坦承這金額比想像中的貴很多，但他心甘情願，並且一度開玩笑地表示希望這幅畫作能在他死時一起火化，舉世譁然。

面對來勢洶洶的日本，美國社會逐漸升起一股對日本不信任、甚至恐懼的氛圍。不少美國電影或小說中，開始出現日本商人剝削美國勞工或者盤算如何利用非法手段盈利的橋段。美國面對日本的迎頭趕上既不甘心，卻也開始對這個國家感到好奇。電影中出現藝伎的身影，學院中研究日本經濟文化的人也越來越多，大家都對這個神秘的富裕國度感到興趣，希望一探究竟。

## 幻影的破滅：失落的十年

一九八六至一九九一年間，堪稱日本最美好，也最不好的時代。即使整個社會走向富裕，房價飆漲的趨勢卻也令許多移居城市的中產階級吃盡苦頭，即使有份穩定的工作，也永遠買不起房子。投資者爭相獲取土地利益，也屢聞黑社會的勢力涉入其中。整個社會瀰漫著「金錢至上」的價值觀，人們沉浸在各種奢侈品、高級飲食以及紙鈔的香味中。

九〇年代初期，當一九八九年泡沫經濟達到巔峰，真正的惡夢卻才要開始。當日本政府意識到整體資產的價格已經上升到無法透過實質支付、必須介入處理時，為時已晚。一九八九年年底，日經平均股價從最高峰開始下跌，土地價格也隨之崩盤，很快地股價只剩高峰期的一半。

泡沫經濟破滅後，日本面臨極大衝擊，消費力大幅緊縮，公司倒閉無數，其中又以銀行與證券公司居多。不少公司缺乏實質的盈利能力，淪為只能靠銀行支持維生的「殭屍企業」。此時政府最高財政機關大藏省卻傳出一連串的醜聞，自顧不暇。一九九三年起，大學畢業生要找工作不再像是他們的父母那樣受到公司各種禮遇，而遭遇到所謂的「就職冰河期」，職缺大幅下降，失業率大漲，使得許多新鮮人只能改走自由業、當打工族，或者擔任沒有社會保險的非正規員工。

一九九三至二〇〇二年這段時間史稱「失落的十年」（失われた十年），日本的經濟成長率從此停滯不前、一蹶不振。然而，這樣的情況並沒有在十年內結束，到了二〇〇四年，東京的房價只剩下八〇年代全盛時期的一成，在房價巔峰時投資的人只能背負高債，也從此削弱了日本人投資與消費的慾望。而年輕人們「就職難」的狀況直到二〇〇五年左右才有所好轉。

經濟學稱日本這樣的發展為「日本病」，意指一個經濟體陷入了「流動性陷阱」，當利率降低時，政府也難以藉由貨幣政策刺激經濟，無法吸引民眾投資，導致整體陷入長期低迷的通貨緊縮。此外，日本此時正逢人口轉型，悄悄步入高齡化社會，生育率降低，卻又尚未開放外來勞力，在勞動市場逐漸面臨困境。在七〇年代至泡沫破滅前出生的年輕人，被稱作「失落的一代」（失われた世代），他們出生於日本的黃金時期，成長的過程中卻不斷見證各種神話的破滅，包括證券公司的倒閉、終身雇用制的終焉，而當他們大學畢業時，又面臨另一場金融危機、三一一福島事故以及撫養高齡人口的壓力，被迫收拾日本社會狂歡後的杯盤狼藉。

## 十年之後：匍匐前進

日本的景氣低靡並未在十年內結束，有人因而稱為「失落的二十年」、「三十年」，在此期間，經濟成長率始終無法突破百分之一的門檻。儘管如此，日本仍然維持九〇年代以來僅次於美國的世界第二大經濟體，直到二〇一〇年被崛起的中國超越，才退居第三名。

隨著中國崛起，西方世界對於日本的關注逐漸下降，或將注意力由經濟面轉移至文化層面。直到二〇〇八年雷曼兄弟破產等骨牌效應引發的金融風暴，不禁讓歐美重新研究日本當年如何走過這失落的十年。[1]有些學者甚至斷言，日本在泡沫破滅時仍然是世界的最大債權國，但美國卻是最大的債務國，美國是否能從日本經驗中學習，還得看美國是否有足夠的好運。

為了改善經濟，第二次安倍內閣於二〇一二年提出了所謂的「安倍經濟學」（アベノミクス），訴求「三支箭」（三本の矢）：一是「大膽的金融政策」：實行貨幣寬鬆與負利率政策，以利出口；二是「機動的財政政策」：由政府投資公共建設；第三則是「喚起民間投資的成長策略」：力求縮小政府對各產業的規制。呼喊口號之餘，安倍也承諾改善女性在職場的處境、降低失業率、增加外國觀光客等等。但這些政策伴隨而來的則是消費稅的提高與物價的上升，並讓經貿關係緊密的美國與中國對於日圓持續貶低感到不滿。不過，即使不少經濟學家宣告安倍經濟學已經失敗，三支箭都沒有射中紅心，安倍仍然於二〇一五年改組選舉中大勝，贏得多數民心。

---

1 全球所引發的金融風暴，也波及日本。以就職活動為例，當時又經歷了一波「冰河期」。

## 安倍經濟學

第二次安倍內閣所提出的經濟政策，目的在於提高日本在國際市場上的競爭力，有人認為這個將政策與執政者姓名混合的「混合語」，是模仿美國前總統「雷根經濟學」。其中「三支箭」也是模仿戰國時期毛利家的家訓，曾有傳言毛利元就向他三個孩子說：「一支箭一個人的力量就可以折斷，但三支箭的話就難以折斷了」，藉以鼓勵三個兒子要互相協力。毛利家一直掌有廣島、山口一代的領地，到了幕末成為最強大勢力之一的長州藩，也就是後來安倍首相以及諸多自民黨首相的故鄉。

只是無論安倍內閣至今取得了什麼成果，仍然暫時無法解決日本近三十年來經濟低成長的低潮，更難以再造七、八〇年代的榮景。二〇一三年以來，日本也積極參與TPP（跨太平洋夥伴協定），根據專家粗估，若付諸實行，日本每年至少能增加超過三億日圓的經濟成果，甚至更高，GDP也能提升至百分之二。此外，TPP也能間接促使日本企業提高競爭力，改善慣有的「惡習」，形成可期的利潤。即使日本國內也有以農產團體為主的反對聲浪，對於日本政府而言，TPP似乎是能將日本經濟拉出泥淖的救星。

但是，隨著二〇一六年川普當選美國總統，日本原已定案的ＴＰＰ面臨付諸泡沫的危險，安倍內閣又多了一項困難的關卡。在上任之前，川普已向日本的豐田汽車宣告，要求將工廠設置在美國而非免關稅且勞力便宜的墨西哥，從而增加美國的就業機會，否則就要提高汽車進入美國的關稅。儘管豐田的社長表示目前並無更動在墨西哥設廠的計畫，然而面對強勢的美國，多少還是存在著不確定性。

不過作為一個經濟大國，日本仍然靠著頂尖的貿易與製造業領先全球，尤其以精細的技術甚至是高科技（如機器人等發明）維持著一定的產業水準。七〇年代以來日本引以為傲的電子業、家電產品，以及當年令美國人備感威脅的汽車業，至今依然在消費者心目中具有「日本製造」的品質保證，作為日本經濟的代表作，它們也將與日本一同馳騁，突破眼前的難關。

# 1980-2000年代

## >>>民衆的生活常景
## 泡沫後的新挑戰

# 模型

## 二次元的力量

一九九〇年造成大轟動的電影《侏羅紀公園》，描寫人類透過科技找回恐龍的DNA，讓恐龍在世界上「復活」。這部電影破了全球票房紀錄，利用電腦繪圖與模型的技術與音效將恐龍的形象經由大螢幕放送到全世界，恐龍的形象從此家喻戶曉，在電影史

上也創下新的里程碑。

不過罕為人知的是，令人印象深刻的暴龍模型，其實是電腦繪圖後，交由日本一個員工不到一百人的小公司所製作的。就連紐約知名的自然史博物館中，也有不少大型生物的模型是由這間日本公司製造。這間名為「海洋堂」的公司，創立於六〇年代，至今仍以強勁的中小企業之姿活躍於業界。只是目前人們聽到這間公司，想到的經常不是恐龍模型，而是在秋葉原、池袋、中野等地區販賣的各種人物模型（俗稱公仔）。

一九六四年，創始社長宮脇修在大阪創立了海洋堂。最初宮脇猶豫著究竟要開一間給兒童的玩具店，還是烏龍麵店？他用木頭倒下的方向打賭，最後上天指引了一條路：進入玩具的世界吧！很快地，在日本開放玩具市場的蓬勃貿易下，海洋堂從一間小小的店舖開始，很快步上軌道，發行各種玩具，像是軍事模型的路線就相當成功。此外，海洋堂也與食品公司合作，製作不少「食玩」產品，成為許多亞洲人的兒時回憶。[1]不過，海洋堂也一度因為動漫產業興起所導致的產業轉型而跌至谷底，於是八

1 「食玩」：早期糖果盒子裡面附贈的小型模型玩具或者人物模型，深受消費者期待。

〇年代初，宮脇社長再度押了一塊寶：轉型投入ＧＫ業（ガレージキット），意指不是採由大量生產產生的模型，而是需要經過手工上色與工藝技術加工的產品。

藉由這個機會，海洋堂銜接起日本發展中的動漫產業。宮脇社長認為，人物模型的位置「介於漫畫與現實世界的二・八次元，剛剛好。」這些模型雖然只是塑膠製，卻有豐富的說故事能力，讓人無法自拔，其市場通常來自動畫與漫畫作品，由於這些角色的「本尊」在動、漫畫及遊戲中深受歡迎，往往激起粉絲購買收藏的欲望，成為新的市場需求。而這些模型的背後的故事，也與整個日本的動漫產業息息相關。

## 浴火重生：日本ＡＣＧ產業的崛起

羅馬不是一天造成的，日本擅長視覺創作也不是一夜之間的成果。日本「漫畫」的起源最早可追溯至平安時代的作品「鳥獸戲畫」，到了江戶時期，著名的浮世繪畫家葛飾北齋也創作了一系列的「北齋漫畫」，開始在繪畫中添入敘事元素，並以多格畫框延續敘事的連續性。二十世紀初期，漫畫開始蓬勃發展，在各種報章雜誌中都能看見漫畫的配置。漫畫家也開始組織各式各樣的職業團體；第二次世界大戰期間，日本政府甚至動員了這些漫畫家投入戰爭，使得漫畫產出一度中斷。

戰後日本經歷過貧窮、飢荒，卻也很迅速地在國際情勢下重新調整腳步，漫畫與動畫的興起便是搭著這一波風潮。一九五〇年代，各大出版社開始發行漫畫週刊，價格便宜，迅速在全國流行起來。其中，被譽為「漫畫之神」的手塚治蟲替日本的文化產業開了先河。擁有醫學背景的手塚治蟲在作品上展現了對於科學的想像，例如著名的代表作《原子小金剛》、《怪醫黑傑克》，至今仍然是家喻戶曉的經典作品。日本的漫畫也發展出自己的特色，例如在許多歐美國家，漫畫是給小孩子看的讀物，日本卻延伸出各式各樣的風格與類型，符合不同讀者社群的期待，並且橫跨推理、醫療、冒險、奇幻等領域，在題材上大幅創新。

電視的普及也帶動了動畫（アニメ）的市場，最初的動畫作品主要都是改編自漫畫作品，此時手塚治蟲也是動畫的重要推手之一，在技術層面上，他曾前往美國迪士尼帶回西方的繪畫技術，並且在日本制定許多制度，例如培養助手、動畫每週播放一次等。到了七〇至九〇年代期間，日本推出不少風靡的動畫原創電影，包括《鋼彈》系列、《新世紀福音戰士》、《宇宙戰艦大和》等作品，都在國內外受到很高的評價。接著，動畫逐漸以電影形式躍上大螢幕，押井守的《攻殼機攻隊》便是後人類與賽伯格的經典作品，也是學術上探討生命政治的重要文本。此外，宮崎駿與吉卜力工作室所創造出的龍貓、魔女琪琪等角色，更形塑了許多亞洲兒童的共同記憶。

**後人類**

在批判理論中，後人類主義強調重新檢視「人」的存在與既有的定義，超越對於人類既有的認知，並且提倡去人類中心化。相關作品經常與科幻、未來學、賽伯格與機器人等有所關聯。

**賽伯格**

指有機體（如人或者生物）加上無機體的機器以增強機能，如改造人，介於有機與無機的生命體。文化研究學者Donna Haraway指出這種生命的方式打破了傳統的自然與文化的界線，提供了一種新的能動性。著名作品如「鋼鐵人」、「攻殼機攻隊」。

不少成功的作品也被改編為各種形式，觀眾渴望參與故事，甚至如主角般，藉由虛擬世界身歷其境，於是各種參與式媒介成為主流，包括改編自動漫作品的遊戲。不少作品甚至跳出了螢幕或者紙本，躍升三次元，如海洋堂等公司發行的人體模型（フィギュア），將動漫中的角色化為模型或者周邊商品，結合了二次元與現實世界。除了海洋堂，壽屋、Smile Goods等企業也加入這個產業，並在宅文化的聖地「秋葉原」設有大型商場。這種採用多媒介的敘事方式被稱為「跨媒介混合」（メディアミックス），媒介研究學者Marc Steinburg認為日本這種獨特的文化源於六〇年代大量印刷的雜誌與輕小說，以及當初以人物為宣傳重點的策略。這種模式不但是日本的內容產業得以生存甚至壯大的關鍵，更讓人們得以讓感官在跨越媒介的過程中，藉由關聯性的角色或故事情節，更能置身於想像的世界中。

## 從二次元到三次元：動漫與日本社會

許多外國人對於日本有兩種極端印象：一是通勤時間澀谷十字路口密密麻麻的上班族，日本人過著壓抑又保守的生活。另一種截然不同的印象，則是在二次元的世界裡，充滿無盡奔放的想像力。不過，看似對立的兩個平行世界並非二元對立，動漫作品不只是日本人想像的體現，也在某種程度上反映了日本的歷史與社會。

日本的動漫作品有個特色：即便都以日語創作，故事和人物都不局限於亞洲，而可能發生在中古世紀、外太空、架空世界或古代亞洲，但故事幾乎都遵守日式的敘事模型，多少呈現出這個社會的寫照。舉例而言，某些主題特別受到日本動漫的關注。例如末日的題材，像是《風之谷》中的巨神兵、《阿奇拉》中的末日情境，都被看作暗喻日本在二戰中遭遇原爆的歷史。另外，機器人與賽伯格的題材也相當具有代表性，暗示戰後日本對於科學與科技發展的執念。此外，《新世紀福音戰士》中的綾波零、《庫洛魔法使》中的小櫻等角色也開啟了「萌文化」。最初「萌」（萌える）與發音相同的「燃」（燃える）有共通的意思，是一種「悸動、令人興奮的感覺」，通常是受到陰柔的觸發。隨著動漫文化的發展，各種不同的「萌」蘿莉也不斷在作品或者二次創作中出現，各種漫畫祭或扮裝場合中也少不了可愛的元素。如今「萌」與「可愛」漸趨合流，多拉A夢、櫻桃小丸子、哈姆太郎等角色也都是「可愛系」的代表。日本動漫中的角色，無論是產品本身還是形象宣傳，從時尚、飲食消費、甚至公家單位的吉祥物，都在追求「可愛」的極致。

喜愛日本流行文化的群體也逐漸形成所謂的「御宅族」。根據詞典的定義，「御宅族」（オタク）指對於某一事物、興趣有著異於常人了解之人。現在這個詞彙多用在形容執著於動漫文化的粉絲，他們熱衷於動漫中的世界，在媒體報導中，有時被塑造為與社會脫節、不擅長與人接觸，甚至有暴力或者反社會傾向的人。尤其一九八八至一九八九年間發生誘拐女童的「宮崎勤事件」，犯人家中藏有大量色情動漫，讓社會對於ＡＣＧ作品及其消費社群觀感不佳。儘管事後記者澄清多數作品都沒有色情或暴力，只是正常的動漫相關產品，動漫產業在當時仍然受到一定程度的打擊。不過，隨著御宅族不間斷地舉行「正名運動」，同時動漫作品也為日本帶來可觀的經濟利潤與國際能見度，社會印象也逐漸翻轉。現在，御宅文化甚至成為外交辭令，如前首相麻生太郎便大方的在公共場合觀看動漫作品；安倍首相訪美時，美國總統歐巴馬對於日本帶給美國的各種文化也表示感謝，其中便包含了動漫作品。

御宅族文化即使被認為是少數族群的次文化，卻能從中「以小觀大」。評論家東浩紀便指出，御宅文化象徵了整個日本社會邁向後現代的走向：如同李歐塔所謂「大敘事」的凋零與崩毀，消費者不再依賴理性去解讀作品，而是依循一種「動物式」的直觀，例如只要看到貓耳、蘿莉的形象，便能得到滿足。人們願意消費的並不是複雜的敘事作品，而是在長年累積的龐大資料庫中，擷取自己喜歡的片段，這些片段可藉由各種方式呈現，包含動漫、遊戲、人物，或者是周邊商品。這個隱形的資料庫也在消費主義的持續擴張下，不停回應消費者的需求，消費者也不斷地從這當中汲取他們需要的精華。資料庫雖然無法提供一個完整的系統，卻供應了人們生活下去的養分。

不過即使如此，還是有些創作者不停創造新的元素與故事架構，或者持續使用被認為過時的符號與角色形象，以加入新的題材，為的就是證明真正能感動人心的作品必須能反映社會的各種變化與挑戰，現在的社會變化萬千，二次元的世界也要能夠為生命中的困境找到出口才行。

**大敘事**

在後現代理論中，大敘事指具有歷史意義、目的性以及連貫性的敘事，如強調國家歷史、線性的進步主義，李歐塔（Lyotard）認為大敘事是現代性的標誌，但到了後現代時期人們開始質疑大敘事，改以敘說小敘事，如強調地方性等等。

## 「酷日本」：輸出日本

日本流行文化成功地跨越國界，廣受全球歡迎。九〇年代期間，東亞各地都出現「哈日族」，他們喜愛日本的文化，追求日本明星，或者參與各式各樣的盛會、收集大量的周邊商品。即使曾與日本在歷史上有過相當大的衝突的中國、韓國，甚至是東南亞地區以及被稱為「親日」的台灣，日本流行文化普遍受到相當大的歡迎。尤其當時社會尚未完全開放，《小叮噹》、《忍者龜》、《美少女戰士》等作品都成為娛樂的慰藉，也變成一代人的童年回憶。就連長期佔有文化優勢的歐美國家，也抵擋不了「哈日」的風潮。遙遠的歐陸則是自從一九九九年便開始舉辦「日本博覽會」，有各種表演與 cosplay 扮裝活動。一開始只有少數人參加，到今日已突破二十萬人參加人次。「御宅族」不再只是日本粉絲的專利，來自世界各地喜愛動漫的人們，都逐漸以「御宅族」的身份引以為傲。並且，這些群體透過流行文化建構了一個想像中的日本形象，也使得日本在海外的印象總是經常與流行文化有所連結。

不過，這樣的日本形象在兩千年之後才慢慢在國際上成形。也就是說，八〇至九〇年代泡沫經濟期間，日本的流行文化並沒有如此廣泛傳播至海外，而是以國內市場為主。日本影視文化在海外受到歡迎，主要是在兩千年之後，也就是日本經過泡沫經濟的破滅與「失落的十年」之洗禮之後，在國際檯面上才逐漸出現如凱蒂貓、神奇寶貝（現名精靈寶可夢）等動漫明星的身影。

時光倒流至二〇〇二年，一名美國記者在雜誌《外交政策》中的一篇報導提到日本在各種文化層面上得到可觀獲益，除了影視文化之外，日本料理、時尚、電子產品等將有可觀的利潤，稱為「國民酷總值」。文中同時指出，日本在經濟蕭條之後，反而更彰顯了各種「可愛」與「酷」的文化特質。起先這樣的說法雖然在日本引起熱議，並沒有立即吸引政府注意，但日本確實逐漸在國際嶄露頭角，例如宮崎駿的作品《神隱少女》得到奧斯卡金像獎的殊榮，並且在美國廣受歡迎。日本傳統料理如壽司，也成功打進全球市場，日本文化逐漸以一種受到歡迎與肯定的姿態滲透至全球。

到了二〇一〇年，日本政府挪用了九〇年間英國的「酷不列顛尼亞」（Cool Britannia）的口號，正式喊出了「酷日本」（クールジャパン）的口號作為文化政策，以推廣日本的次文化作為一種「軟實力」，藉以拓展至全球。軟實力的概念最早由政治學者Joseph Nye提出，主要與「硬實力」相對。以「酷日本」的軟實力政策為例，日本政府在各地推廣日語教育，並且宣傳要「以皮卡丘取代米老鼠」，透過電子產品、動漫商品增加日本的外匯收入。同時，也發行了一系列的宣傳圖搭配上標語：「日本

**「硬實力」與「軟實力」**

前者多在外交上以軍事、經濟協定等較為強硬的手段達到某一個國家或者政治團體的利益；相對而言，後者則是以文化、價值觀等面向來發揮一國或一團體的影響力。

酷嗎？」（Is Japan Cool?）有趣的是，搭配這些文字的攝影海報，主題不僅限於動畫人物，而是撐傘的藝伎、相撲選手、壽司師傅認真的模樣、傳統神社的鳥居，在「酷日本」的概念中，除了二次元的流行文化，日本傳統文化也躍身為「酷」的符號。

不過，美國政治學者David Leheny卻也指出日本在發展軟實力的盲點：當日本在政治經濟的影響力逐漸下滑時，流行文化才逐漸在國際上發揮影響力。日本的動漫或者遊戲風靡全球時，日本在國際政治上實際的影響力則是另一回事。例如即使動漫與日劇備受歡迎，面對堅硬的歷史問題時，這些作品的支持者不見得因此站在日本這一方。但也相對地，這些流行文化的擴散程度超越了政治的邊界，從而改變了不少人對於「日本」的印象，或者增加對於這個國家的認識與興趣。日本在這個層面上確實拿到了很好的成績：提到日本之際，許多外國人對於這個國家的印象不再只停留在負面的歷史，而是浮現更多可愛的小叮噹（現名：多拉A夢）、皮卡丘或者凱蒂貓的形象。

## 寶可夢炫風：重拾一場夢？

日本究竟「酷不酷」？它在動漫文化中展現的魅力雖然不減，但隨著周圍的韓流炫風以及經濟上日益崛起的中國，日本曾作為亞洲之龍的地位正悄悄下滑，「哈日」

潮流已經不再像從前那般如狂歡節式的受到大眾歡迎。直到二〇一六年由任天堂與美國公司Niantic經過長年開發的手機遊戲寶可夢（Pokemon Go）上市，該遊戲結合了現實世界，讓人們透過手機在生活中的各個角落如同原作一般捕捉各種奇異的生物，造成全球一波難以抵擋的風潮。日本邁向夕陽的動漫文化，也再度掀起了各種討論。

早在上一波九〇至兩千年「寶可夢」的全球風潮時，美國人類學者Anne Allison往返日本與美國之間，進行為數可觀的訪問與田野調查，甚至自己進入廣告公司做實習生，進而針對當時在北美造成的炫風做了一番評論：她認為這波寶可夢炫風主要來自從原作衍伸的模型或者玩具，它們像是「著了魔的商品」般讓孩童們愛不釋手。寶可夢的成功也不是一蹴可幾，而是根源於日本戰後發展的歷史，從美軍佔領時期利用廢棄物製作玩具，到《哥吉拉》與《原子小金剛》等經典作品所奠定的基礎，而「寶可夢」的作品性質兼具遊戲性、社交性（可以交換卡片），更重要的是他們的「可愛」便於行銷，在資本主義的社會中散播了一種奇幻式的全球想像。

如同布希亞在《物體系》所說的：「物體是一面完整的鏡子，它不反射真實的形象，而是反射人所慾望出的形象。」[2]像是模型這般物體也成為人們在現實生活中的陪伴與幻想，讓人將事與願違的狀態投入至物的喜好中。此外，「物」本身包含了更大的符號意義，消費一個物體，也就是在消費它背後的符號意義。無論是「寶可夢」的模型，或者是各種美少女人物的塑膠人偶，在已經身處後工業時代的日本與其他社會，這些產品都是生活的慰藉。在今日熱鬧的秋葉原電器街或者中野的百老匯街道，不少巷弄裡的小店仍然販賣著夢想與想像力，讓這些精緻的手工模型，得以在乏味的生活中，讓人重新找到一條通往異想世界的道路。

[2] 布希亞，法國重要思想家之一，曾提出後現代、消費社會、擬象等概念，著有《物體系》。此書出版於一九六八年，改編自布希亞的博士論文。為消費社會理論相關最前端的著作之一。

# 櫻花

## 大學之道

人人都說，日本最美麗的季節就是櫻花滿天飛的春天。詩人艾略特於經典長詩〈荒原〉的開頭名句「四月是最殘忍的季節」，意味著春天雖然帶來生命，也帶來死亡。在日本，春天意味著櫻花季，而櫻花在日本文化中，象徵著侘寂的美學，美麗卻短暫，與艾略

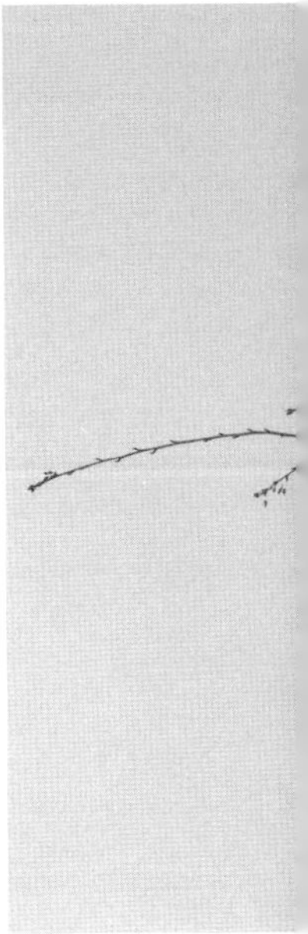

特的詩意不謀而合。

然而在日常生活中，櫻花並非總是如此悲傷的符號，每年三四月的櫻花季，是日本人相約賞櫻相聚的季節。櫻花季的到來隱喻著人生的下一個階段，對於大學生而言，很可能是向學校道別，踏入職場就此展開精彩人生的分水嶺；而對於更年輕些的學子來說，櫻花季隨著他們一起步入大學殿堂，迎接令人期待的大學生活。

櫻花與校園的連結，在大眾文化中並不少見。改編自漫畫的日劇《東大特訓班》，原名《龍櫻》，故事敘說一位名叫櫻木的律師試圖拯救一所升學率極低的龍山高中，立志至少讓一名學生考上東大，並要求考生種植一棵櫻花樹以作為考上東大的誓言，展開一場斯巴達式的身心教育。

如同漫畫中的劇情，在重視學歷的日本社會，許多中學生期待著下一個櫻花季一圓大學夢。進入大學，他們會繼續面對各式各樣的挑戰；然而除了學生，現今日本大學自己也面對著各種難題，除了維護各校的歷史與傳統，面對全球化、少子化以及社會不平等（格差）等議題時，大學本身也被迫考慮轉型或改革。

## 關關難過，關關過：大學之路

如同《東大特訓班》的劇情，日本學子考上大學前，也是過著升學主義的生活。日本盛行補習班文化，學生放學後多前往補習班惡補，課業壓力繁重。對於不少苦讀的學生而言，考上一所體面的大學，可望提升社會地位，將來無論在就業還是婚姻市場，都有一定程度的保障。然而要達到這個美夢，得先經過一連串的關卡。

日本的大學入學考試首先要通過「大學入學測驗中心」的統一測驗，由於日本各大學為獨招系統，考生自行對完答案後，便可開始報名各間國立與公立大學於二月舉行的獨立招生考試。獨招的機會一共有兩次，中間只間隔一個月，而每次考試只能報名一所大學，因此要下定決心，這是很大的賭注。若不幸於第一次考試落榜，考生可以選擇再挑戰一次心目中的第一志願，或者轉考別間大學。有些大學會特別設定另一次考試機會，因此考生最多總共能報考三間國立或公立大學。

至於私立大學的入學方式則更為多元。不少私立大學直接採用入學中心考試的成績，獨招考試的時程也比較彈性，將近四成學生是透過「推薦入試」或「ＡＯ入

## 大學入學測驗

每年一月舉行。測驗科目包括國語、地理歷史、公民、數學、理科，以及外國語六個科目，這幾個科目當中又分為更細的子項科目，一共三十科。比如說，「地理歷史」中有六門科目可以考，包括基礎與進階世界史、日本史，以及地理，「理科」則包括物理、化學、生物、地質學的基礎與進階科目。考生並不需要準備每一科的考試，而是要去應考想應徵的大學所要求的科目。一般而言，國立大學會需要五至七科測驗中心考試的成績，而私立大學相較之下較少，大約兩到三門，各個學校要求的科目也不盡相同。

學」。即使入學方式多元了，為了擠進好大學，學生們仍然承擔沉重的考試壓力。一方面，推薦入試與ＡＯ入學這兩種方式雖不限私校，但在國立大學的入學比例只占不到兩成，多數名額仍採一般考試入學的方式。另一方面，推薦入學與ＡＯ入學也考驗著學生的文化資本，不是出身大都市或者中產階級的學生，相對不具優勢。此外，日本的入學制度還有其他待改進之處：包括獨招制度的風險過大、制度只利於經濟或文化資本高的學生，難以帶來階級流動等。為了因應這些問題，日本文部省也不停呼籲改革，並預計於二〇二〇年廢除入學測驗中心考試，改為較靈活的「學力評價測驗」

（学力評価テスト），希望以此作為新的出發點，提供日本學子更健康的學習制度。然而是否能就此打破升學主義取向的教育環境，仍是未知數。

### 推薦入學

意即除了紙筆測驗之外，還包括檢視在校成績，提交小論文、寫自傳、面試等方式來審核學生。另一種類似的入學方式叫做「AO入學」，是最為年輕的入學管道，最先於九〇年代由慶應大學引介進來，於兩千年後開始盛行。AO入學與應徵企業的方式很類似，學生們需要提交一些學校要求的文章或者文件，再來透過各種演講發表或者面試來展現自己的求知慾，較重視學生的個性而不是智力測驗。

### 學力評價測驗

目前預計二〇二〇年開始實施，比起過去的中心考試更注重「思考力」、「判斷力」與「表現力」，考題題型也會與以往的考試不同。這個改革同時配合另一個考試「高中基礎學力測驗」，讓考生有比較多考試的機會。不過目前文部省的綱要也還在檢討中，仍有變化的可能性。

## 大學大觀園

日本的大學各具特色，貴為第一志願的東京大學在各個領域都遙遙領先，無論在學術、公職或者企業界，都有諸多傑出校友；京都大學也同樣享有高度社會聲望，學風也更為自由。位於東京近郊的一橋大學，以法商著稱，菁英程度不亞於舊帝大系列。這三所學校與擅長理工的東京工業大學合稱「東京一工」，是四所最難考的大學。

至於私立大學，則以「早慶同立」領頭，分別是位於關東與關西的早稻田、慶應、同志社，以及立命館大學。[1]另外五所大學的學校排名及就職能力也經常並列，被稱為「MARCH」系列，分別代表明治大學、青山學院大學、立教大學、中央大學以及法政大學。這幾所大學的學生多半光鮮亮麗，善於社交，在就職活動中有亮眼的表現。女子大學中，以御茶水女子大學最具人氣，以培養有學養的女性著稱。各大學的風氣與特徵將對學生的求學生涯、公職考試以及就職階段扮演重要的角色。

[1] 後來也發展出另一種分法，係將關東與關西分開，稱作東京的「早慶上智」以及京都大阪的「關關同立」，也就是加上了關西大學與關西學院大學。

好不容易考上大學，依各校規範，主修的選擇方式以及課業量也有所不同。以東京大學為例，新生入學先分文、理兩組，大學前兩年的課程規劃採「教養教育」，意即不分系的課程訓練。升大三前，學生再依前兩年的課業表現選擇主修以及所屬的「研究室」（ゼミ）。所謂的研究室（或者研究小組），是日本的特殊制度。無論文科理科，學生幾乎都會選擇一位教師作為導師，一同上課並完成「學士論文」（卒論），才能順利畢業。各個研究小組也會經常舉辦「合宿」，跟成員們一起旅行，並在旅行中切磋課業。

課業之外，日本學生也忙於各種「外務」。由於都市生活費昂貴，有經濟壓力的學生需要自力更生，忙於打工。另外，近八成的大學生會投入社團活動或者體育校隊，在日本的大學中，社團是凝聚向心力、培養人脈的重要組織，前輩與後輩之間階級分明，許多學生在社團活動中花費的心力與課業不相上下，也與社團同學建立深厚的友誼。

然而現在日本大學生的這種生活，與戰後大相逕庭。戰爭結束不久，日本就發生了由學生主導的安保運動以及激烈的全共鬥運動，當時的大學生就如同村上春樹的小說所描繪，年輕氣盛地活在一個充滿理想又不安定的時代。日本經濟起飛後，社會的重心逐漸轉向職場，直到泡沫經濟破滅，九〇年代實施了「寬鬆教育」（ゆとり教育）再加上大學普及化，年輕人上大學的比例大幅提升，日本也產生了世代隔閡，中年人經常認為年輕人無論在工作能力還是理想性都已一代不如一代。

不過，新一代的大學生或許被視為過於安逸，但任何一個時代的學生，都有他們的難題。除了經濟壓力，大學生到了三、四年級就必須努力為自己的未來準備。目前理科生選擇直升研究所的比例相較之下較高，且多在碩士班畢業後便投入就業市場；一般文科生則多是參與就職活動，考慮升學的比例相對較低；若是嚮往公職，則需要開始準備考試。塵埃落定後，這些年輕學子們會提交一份作為四年學習整合的畢業論文（卒論），於入學後的第四個櫻花季，走出校園，邁向人生的下一步。

**寬鬆教育**

日本八〇年代後期為了改善惡性競爭與霸凌等校園問題展開的教育改革，並於二〇〇二年正式實行，所實施的教育改革內容包括調整了上課時數，減少課綱內容等以減輕學生的壓力，但不少人認為這項改革降低了日本整體的學習素質，也讓年輕人抗壓性不足。（詳情可見本書後面〈房間：下流的人們〉一文。）

## 從帝大到大學：日本的大學小史

時光倒流一下，早期的日本大學，又是什麼模樣呢？關於日本的第一所大學，有一派說法認為，並非始於大名鼎鼎的東京大學，而是著名思想家福澤諭吉於一八五八年開創的「慶應義塾大學」之前身。慶應義塾大學先以蘭學塾的形式成立，蘭學後來轉型為英式學院，並陸續開設了文學、理財、法律等專業的大學部，於一九二〇年正式轉型為大學，是日本歷史最悠久的綜合型私立大學。

東京大學的前身則可追溯到江戶幕府時期成立的各個研究所，正式發跡於一八七七年，由原先的「東京開城學校」與「東京醫學校」合併成「東京大學」，是日本第一座國立大學。隨後，東京大學又將不少機構併入編制，包括法學部，並開始授予醫藥、文理與法律的學士學位。到了一八八六年，東京大學不但成立了工學院，還根據「帝國大學法令」成為首座帝國大學。起先，帝國大學一詞中的「帝國」尚未有殖民主義等含義，只是模仿西式大學的方式，不過日後也逐漸衍生榮耀天皇的意義。東京帝國大學很快成為日本學術重鎮，除了頒發學士學位，也增設博士以及大博士的學位，畢業生在各界表現活躍。

**福澤諭吉（一八三五－一九〇一）**

日本近代最有影響力的思想家之一，是幕末建立日本與西方世界知識交流的要角，大力鼓吹日本應該要全面西化。他提出「脫亞論」，意指日本應該脫離亞洲的封建傳統，加入西方的社會，被認為是日本帝國主義與民族主義的來源之一。目前日圓一萬元鈔票上的肖像即為福澤諭吉。

**蘭學**

江戶時期日本的一門學派，指日本從荷蘭人身上所學到的西方知識，其中以科學、醫學與文化為主。儘管日本被認為江戶時期是「鎖國」的狀態，實際上在南部尤其以長崎為中心等地，日本與西方世界仍然交流頻繁，而蘭學的興盛，也被認為是日本能夠快速跟上西方世界腳步重要原因之一。

位於東京的帝國大學創立之後，第二所帝國大學於京都成立，東大也改名為東京帝國大學。不同於東京帝大被視為榮耀天皇的大學，京都帝大更具體的目標是實現「自由」的學風。比方說，東京帝大當時的制度要求學生必須全數通過每一年的每一個必修科目，才能順利進級；京都帝大卻採用德國的制度，按照學生登錄的課程檢視各學分是否達到畢業水準，降低了「聯考」般的壓力。

京都帝國大學的創立也意謂著「帝國大學」不再是東京的特權，日本全國紛紛設立其他的帝國大學。日本政府砸下大量資金在仙台、九州設立東北帝國大學以及九州帝國大學，分別專攻理科和工科、醫學等專業。為了補足農學專業，北海道的札幌農學校偶然得到「升格」的機會，成為東北帝國大學的農學部分校，約莫十年後才獨立出來成為北海道帝國大學。

在第一次世界大戰結束後高喊著「民族自決」的風潮下，位於日本帝國邊陲地帶的殖民地首爾及台北，配合日本「內地延長主義」的政策，也相繼設立了帝國大學。位於台灣的台北帝國大學由於位處亞熱帶，設定重心是發展日本本島不熟悉的熱帶科學。最初的台北帝大只有文政學部與理農學部，其中文政學部以南洋史學為中心，後於一九三六年創立了醫學部。不過這兩所帝國大學雖然位處殖民地，無論教師或學生都以日本人為主，鮮少本地學生能夠就讀。

在這個時期，也有不少來自殖民地的優秀人才前往「內地」日本留學。在殖民地台灣，不少「反日」精英仍為了先進知識與技術赴日。包括著名的畫家陳澄波便前往東京美術學校（現東京藝術大學）求學，女畫家陳進也前往女子藝術學院精進。文學家楊逵也曾有在日本留學的經驗。此外，醫學界的杜聰明、台灣首位哲學博士林茂生，都曾在頂尖的京都帝大與東京帝大留學，並取得優秀成果。此時另一個殖民地韓國，雖然反日情緒相較台灣更為強烈，國內的優秀人才也依然赴日學習，例如作家尹東柱、李光洙分別就讀於同志社大學、早稻田大學，舞蹈家崔承喜也曾在內地學舞。現今南韓國歌「愛國歌」的作曲家安益態亦曾於東京音樂學校學習大提琴。

不料一九二三年的關東大地震使得東京嚴重毀損，經濟與文化重心有向關西發展的趨勢。同時因應大阪與名古屋激增的人口，當時的大阪醫科大學與名古屋醫科大學兩所學校遂轉型為大阪帝國大學以及名古屋帝國大學。這兩所大學建立不久，日本就陷入世界經濟恐慌、滿洲事變以及二戰的泥淖，「帝國大學」的歷史，也就停在這裡，並於一九四五年劃下了句點。

日本戰敗後由美軍接管，美國教育視察團提出了報告，為日本的教育體制大做翻修，除了大幅調整義務教育，高等教育的大學系統也於一九四九年實行新制大學改革。根據新制，前帝國大學、公立大學以及私立大學紛紛統一成綜合型大學，其餘師範學校、專門學校則有不少升格為國立大學。大學成為貫徹民主主義教育的場所，此外，新的制度也落實了兩性平等的受教權。在重視大學學歷的日本社會，大學帶來知識生產機構與職業訓練的多樣性，也迎接著各式各樣的挑戰。

另一方面，兩所殖民地的前帝國大學，也都在戰後轉型，分別改名為「台灣大學」與「首爾大學」。台灣與韓國在戰後都受到美國巨大的影響，連同大學體制都逐漸向美國靠攏。現今若走訪兩所大學，台灣大學處處是日本人留下的建築與植被；首爾大學則不然，多數日本殖民時期的建設，已經因韓戰的摧殘而消失，多半是之後重建的光景。加上首爾大學曾經一度遷移校區，首爾大學的官方說法甚至主張該校的歷史從一九四六年才開始，並不承認源自殖民時代。戰前曾留學日本或者與日方關係密切的韓國人，也被編入「親日人名辭典」，被視為親日派。

然而即使後來受到美式風格籠罩，戰後至當代的台灣與韓國學術圈，例如台韓頂尖的醫學、法律等學科，仍然受到日本一定程度的影響。作為日本的前殖民地，台灣與韓國學生留日的風潮仍然相當興盛。這些學生前往日本讀書，或有受祖父母輩影響而有日語背景者，此外更多人可能是對日本文化感到親近，或者從小接觸了日本大眾文化，而打算前來這個鄰近的島國求學。

## 航向國際的日本大學

這些來到日本的外國學生，以台灣、韓國與中國背景佔大宗，此外也越來越多元。面對全球化的浪潮，即使是日本頂尖的大學也有一定的壓力。如同日本這個國家經常讓外界感到「遺世而獨立」，日本的大學制度與學期制不但有別於世界主流（例如新的學期不是從秋季，而是從春季四月開始）；且日語有一定的語言門檻，在日本無法使用英文暢行無阻等，因此外國人若想在日本讀研究所，經常得多花一年左右當「研究生」，意即沒有正式學籍的旁聽生，並利用這個身份準備入學考試，順利的話才能正式入學。日本的文部省雖然從一九五四年起就向各邦交國優秀的學生發放豐厚的獎學金，近十年也興建減輕外國留學生負擔的學生宿舍，但學制上的各種障礙仍是日本在漸趨競爭的全球大學市場中處於劣勢的原因。

為了吸引更多人才前往日本留學，日本政府於一九八三年提出了二〇〇〇年要達到「留學生十萬人次」的目標。當時留學生人數僅僅兩千多人，透過開放留學生打工、放寬簽證資格等措施，留學生的人數迅速成長，但仍要到二〇〇三年才達到這個目標，比原先的計畫慢了三年。對此，日本前首相福田康夫另於二〇〇八提出「留學生三十萬計畫」，積極招攬國際學生，並且在產業界進行改革，逐漸開放外國籍人才留在日本工作的相關規定。

二〇〇四年，早稻田大學成立了國際教養學部（SILS），是日本高等教育在國際上露臉的重要一步。該學部的學生幾乎都是外國留學生以及日本國民歸國子女，授課都以英文進行，並未規定主修，隨學生適性發展。早稻田之外，位於秋田的國際教養大學、九州的立命館亞洲太平洋大學，以及東京的國際基督教大學與上智大學，因完善的英文環境與國際交流制度合稱「G5」（全球五）。除了積極錄取優秀的外國籍學生、聘用外籍或者留洋學者，這幾所學校的本地學生也被視為較具全球視野與國際交流能力。

這五所大學外，不少日本頂尖大學加入「全球三十計畫」，開設全英語授課課程。申請名額不限定日本學生，但申請者需提交英文考試成績以及英文小論文，不過對於日文能力沒有任何形式上的要求。入學後，學生也有機會取得獎學金，並且能在完全不會日文的狀態下順利畢業。只是這項趕鴨子上架的政策也招來不少批評：不少優秀的日本教授未必能以英文授課，授課品質不一，也削弱了學生們學習日本文化與日文的動機，不少人質疑：「為何都要去日本留學了，卻不願意學日文？」剛開放時，甚至吸引了部分是為了打工而非學習才來到日本的人。而這些外籍勞工又經常遭遇不平等的待遇，成為社會另一個難題。

儘管遭受不少質疑，一連串政策確實成功吸引了背景更多元的留學生。二〇一五年，據文部省的資料統計，日本共有二十萬名以上的外國留學生，其中約有五成五的比例在關東地區就學，四成五的學生專攻人文科學，其次是社會科學，再來則是工學。而來自亞洲其他國家的留學生佔所有留學生的九成之多，中國位居第一，佔了四成五，多達近九萬四千人，其次則是一成八的越南，尼泊爾與韓國分別佔比零點七成左右，而有零點三五成的留學生來自台灣，位居第五。值得注意的是，在國立大學的留學生中，有六成學生就讀的是研究所，而在私立大學的留學生則有八成是就讀大學部，顯示大學部與研究所入學制度的差異，對於留學生來說，若要來日本讀大學部，在私立學校的機會較多。

現今走一趟留學生人數最多的學校如早稻田大學或東京大學，確實可見路上師生的背景更為多元了，校內各行政單位亦都能以英語溝通。除了留學生政策，日本學術振興會也支持許多國外研究生或學者至日本做研究。為了增進國際交流與業界合作，以助大學順利轉型，文部省也推出各種「頂尖大學計畫」，除了補助在日留學生，也鼓勵本地進學的學生更有國際交流的經驗與視野。

只是，日本的頂尖大學在「國際化」這一課仍面臨諸多挑戰。許多學校評估「國際化」的指標時，往往認為「國際化」相當於「英文化」，將課程語言改成英文就是全球化的展現，治標不治本；此外，外部因素也會影響留學生留日的意願。例如二〇一一年東日本大震災，不少在日留學生中斷學業回國，也讓不少原先想來日本發展的外國人打退堂鼓；再加上近期中日關係不穩定，也讓留日最大宗的中國留學生數量減少。近年來，日本唯二穩定進入全球百大排行的東大與京大同時面對著來自新加坡、中國和韓國等頂尖大學的「威脅」，日本位居「亞洲第一」的寶座已岌岌可危，不少日本大學相當擔憂，卻還找不到解方。

## 教養主義的終焉？

二〇一五年六月，日本文部省發下一道公文，表示為了因應全球經濟的趨勢以及紓解財政壓力，希望各地區的國立大學能重新調整文科系所的設置，要讓教學內容更符合社會上的功能需要，否則考慮採以廢置系所處置。

這個消息一公告，舉世譁然，各界騷動。針對文部省的舉動，日本社會的反應相當一致：反對這個政策。各大媒體也都採批判立場，認為人文社會科系是滋養社會的重要根基，這項政策不但將使日本「文化亡國」，也顯示政府的短視近利，可能重蹈日本戰前十年大量投資理科而不重視文科的覆轍。就連日本最大的民間產業團體「經團聯」也表示希望理科與文科的學生對於彼此的領域也能有一定的素養，含蓄地暗示不認同文部省的政策。大學方面則回應不一，有些國立大學堅決反對，但也有不少大學（尤其是區域型大學）主張應該調整或整併人文科系，以利學生未來的發展。

面對社會的反對聲浪，文部省很快地致歉，表示各大學對於公文有所誤讀，政府並非要廢除人文科系，只是希望能檢討這些科系是否回應了社會需求，以及其比例是否相符。然而文部省也沒有撤回這項公告。很快地，這件事漸漸落幕，以日本主流社

**該文部省公文**

其中描寫國立大學「任務的再定義」一欄提到「尤其人文社會科學系、研究所由於十八歲人口的減少與人才需要、為確保教育研究水準並且實踐國立大學的角色，應努力重新檢視組織計畫的設定、組織的廢止或者積極地向社會更需要的專業轉換。」事後文部省澄清此措施意在使人文科系更配合區域與產業的需求。

會不支持廢除文科科系的立場告終。

不過，曾任東大副校長的學者吉見俊哉卻表示了不同的看法。吉見認為，日本政府廢除文科這個行動其實反映了大眾普遍懷有「文科無用」的想法。許多人捍衛文科科時，也無意識地同意了這個想法，他們認為文科是重要的教養主義之溫床，但確實對工作、產業或者社會沒有直接的用處。吉見認為，現在人文科系需要挑戰的，就是改變這個觀念，讓人們相信文科是「有用的」（役にたつ），只是會比理科需要更長的時間才能看見成效。

依現況，日本的文科科系確實在產學合作以及企業關係方面處於弱勢。即使日本的新卒就職活動對於文科畢業生相當友善，但文科仍較欠缺產學合作的機會。國立大學法人化後，大學雖有更多自主性，經費來源卻更成問題，畢竟近年日本也出現少子化與大學數量暴增的現象。廢除文科事件似乎預告著，日本曾經堅持的教養主義與人文精神正被各種現實逼得無以為繼，而日本的大學之道，是否會是這波浪潮下的下一個犧牲者？

到了隔年、後年，以及再之後的櫻花季，日本的學生透過考試或者推甄努力擠進大學之門後，或許看到的會是與多年前截然不同的光景：身旁出現了不少外國學生，課表上出現英語授課的科目，想讀的科系即將關閉或者減少名額了，各種狀況皆有可能發生。每年的櫻花樹下，校園內的各種變化都映照出日本大學的困境，但也同時激發了未來無限的可能性。作為日本大學象徵的東京大學赤門前，有一株櫻花陪伴這所大學一路共進退，長達數十年，如同站在這個國家高教的最前端守護著，每年春天都依約般準時而奮力燦爛地盛開，在綻放的花瓣中，栽培著一代又一代的學子。

# 履歷表

## 生存遊戲的成績單

每年的四月，是不少學生揮別學生時代，邁向人生下一個階段的時候。此時歡送畢業生的學弟妹或許不會想到要好好珍惜最後一年的學生生活，因為對他們來說，每逢一年一度的「新卒就活」，即社會新鮮人的就職活動，就要如火如荼地開始了。

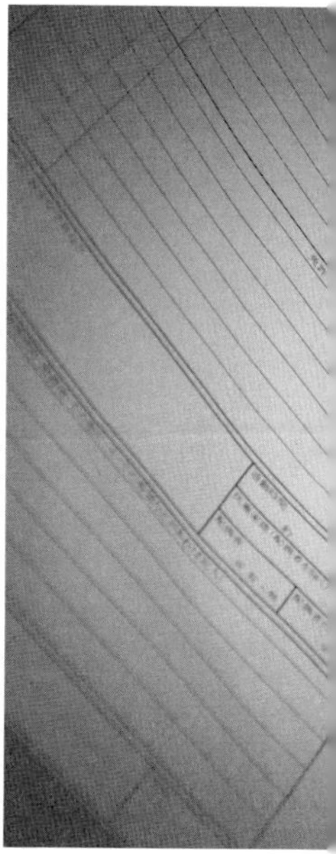

在就職活動這場生存遊戲中，最重要的就是要有一張完美的履歷表（履歷書）。這張紙代表應徵者到目前為止的人生成績，對下一步將有重大影響。日本的履歷表規格統一，內容不外乎一張體面的大頭照、基本聯絡資訊、學歷、職務經歷、資格證書以及一些求職者對於工作的期待，例如通勤時間與工作地點，各大便利商店都有販賣履歷表，而各大學也都會設計自己特有款式的履歷表，以供學生求職時使用。有別於歐美各國講求創意設計的履歷，制式的履歷表在日本人力市場上保有其傳統地位，即使目前不少公司已改成電子履歷，但仍有不少公司要求求職者親手書寫白紙黑字的履歷表以展現誠意。撰寫履歷表的過程宛如一場自我探索，求職者必須說明過往的努力，並像銷售員般向雇主推銷「自己」。

如同遊戲總是有輸有贏，幾家歡樂幾家愁，就職活動表面上是探索自我，實際上仍是一場資本主義中的廝殺戰。即使在這場戰鬥結束了，求職者可能還要面對更長遠的職場馬拉松。

## 就活，好比婚活

日本人經常比喻「就活」猶如「婚活」，是一場尋找緣分之旅。對於日本年輕人而言，「就活」好比大學聯考，是非常關鍵的人生階段，能不能在大學畢業後進入一家體面的公司工作，是人生是否「成功」的判準點。即使當今日本已不再由財閥壟斷，新創企業也為數眾多，然而根據二〇一六年「就職四季報」的調查，多數學生仍然夢想進入有名的大公司，擁有一份穩定的生活。

| | 公司名稱 | 男性 | 女性 | 文科 | 理科 | 前年度排名 |
|---|---|---|---|---|---|---|
| 1 | 瑞穗金融集團 | 1 | 1 | 1 | 35 | 4 |
| 2 | 三菱東京UFJ銀行 | 3 | 2 | 2 | 54 | 1 |
| 3 | 全日空 | 6 | 4 | 7 | 4 | 2 |
| 4 | JTB集團 | 7 | 3 | 3 | 94 | 3 |
| 5 | 野村證券 | 2 | 11 | 5 | 21 | 7 |
| 6 | 日本生命保險 | 4 | 10 | 8 | 24 | 10 |

| | | | | | | |
|---|---|---|---|---|---|---|
| 7 | 大和證券集團 | 5 | 8 | 9 | 5 | 8 |
| 8 | 損保日本興亞 | 9 | 5 | 4 | 103 | 9 |
| 9 | 三井住友銀行 | 8 | 6 | 6 | 105 | 11 |
| 10 | 日本航空 | 21 | 9 | 11 | 20 | 12 |
| 11 | 明治集團 | 33 | 7 | 14 | 1 | 5 |
| 12 | 三菱UFJ信託銀行 | 23 | 13 | 10 | 110 | 17 |
| 13 | SMBC日興證券 | 11 | 20 | 12 | 44 | 16 |
| 14 | 大日本印刷 | 14 | 15 | 13 | 27 | 15 |
| 15 | 東京海上日動火災保險 | 26 | 17 | 15 | 65 | 22 |

＊資料來源：http://toyokeizai.net/articles/-/115121?page=2，數字為人氣排名順位。

雖然每家媒體調查的結果都有些微差距，不過大體可看出學生仍多嚮往知名度高的企業；一方面，大手公司的員工福利較為完善，另一方面，也可能是因為大學生對於業界的瞭解不多，因此傾向從日常生活中找尋知名度高的公司。[1]

1 日語中「大手」多指大公司或者有名、有地位的公司，經常與「新創」（ベンチャー）相對。

日本的大學應屆畢業生並不是從畢業前才開始找工作，而是在畢業前一年便展開行動；而公司多半於每年固定的時間釋出職缺（與台灣企業不定期徵才不同），釋出的名額多半是「一刮採用」，亦即錄取的學生並不會知道自己會進入該公司的哪一個部門或者職銜，而是統一面試該公司的職缺，拿到「內定」（即合格）之後，才知道自己具體的工作內容與配屬部門。

每一年，出版社都會出版新的就活指南，教導大家如何撰寫履歷表、準備能力筆試、應對各種面試提問；學校也會開設「就職課」協助學生求職，甚至有補習班專門以此招生。就職活動由於流程繁複耗時，已演變為一套完整的商業系統，甚至成為「全民運動」。

學生求職時除了需要進行「企業與業界研究」，了解研究理想企業的工作內容與業界目標，還需要進行一個「自我分析」的步驟。日本企業偏好年輕、無社會經驗，如「白紙」般的人才。企業主審閱履歷表面試時，注重的通常不只是「技能」或「即戰力」，而是考量該學生的性格是否適合在這家公司長久發展。也因此，「自我分析」包括制式的性格測驗，以及解析個人專長與和社團／志工經驗，求職者需要將自己包裝成符合該公司所需的人才。

**自我分析**

就活生（求職生）需要去挖掘、分析自己的人生經歷以及優劣勢，並且將此發揮在選擇應徵的企業、履歷的撰寫以及面試的答題上。

履歷表表現求職者的「內在」，「外在」的準備也不遑多讓。就職活動有一套規定的「制服」：男性穿西裝打領帶，女性則是穿白襯衫搭配黑色西裝外套與窄裙或褲裝。不只是面試，參加說明會或就業博覽會等場合，也一律要穿著這樣的正式服裝。這種嚴格的服裝要求，一方面來自日本社會對於一致性的追求，另一方面也是為了符合公平性。每當就職活動展開，城市的大街小巷就能看見穿著「就活裝」的學生，汗涔涔地在豔陽下奔波。雖然不少新創企業歡迎學生穿著便服，但多數學生仍為了「保險起見」而穿著正裝。在茫茫人海中，學生們只能努力展現自己的獨特性與積極度，爭取正式踏入社會的這張門票。

## 投出一份履歷之後：漫長的就活之旅

由於終身雇用制的文化影響，日本企業徵求新鮮人時，相當於打量眼前這個人是否值得公司投資十幾、二十年的薪水，因此就職活動相當漫長，像是一場闖關遊戲，以求勞資雙方能做出審慎的媒合。完整的「就活」流程如下：

### （A）徵才與就職博覽會

首先，每年三月前後，各個企業會在網路上先放上徵才資訊，有興趣的學生即可上網登記自己的資料以與該企業保持聯繫，再來在該企業的說明會或者一定期限內提出所謂的履歷表或者報名表。同時，各個單位也會舉辦大型的就職博覽會或公司自身的說明會，以供新鮮人參考並瞭解業界。另一種瞭解「就活資訊」的方式則是聯繫學長姐（OBOG訪問），透過自己的社團與學校人脈、學校就職課或者公司釋出的名冊等方式，聆聽已經在職的學長姐們的經驗以及該公司的最新動向，以求書面審查或面試時能得到更即時的資訊與技巧。

## （B）書類選考：履歷表與SPI

a. 如同前文所述，履歷表至今仍是日本就職不可或缺的要素。履歷表的內容除了聯絡資訊、從小到大的學歷，有些「定番」的內容例如「資格、證照」與「興趣、特技」、「課外活動、打工」、「推銷自己（自己PR）」以及「應徵動機」等等，也可一併提供。除了一般制式的履歷表，不少企業會有各自設計的履歷（エントリーシート），並要求應徵者撰寫一些較為專業的問題，企業也可能想測試申請者對於該行業的潛力，而請應徵者推銷一個產品，或者想像該業界未來五至十年可能的走向。

b. 寫完履歷之後，還需進行「書類選考」。由於某些職缺應徵人數眾多，一份履歷平均只花三十秒審查。這個時候，學生的學歷便會發生關鍵性的作用。曾有學者做了一個簡單的實驗，可從就職網站明顯發現，前段私立學校所收到的企業資料明顯超越後段學校，甚至有些後段學校的學生表示要報名說明會時，即被告知已無名額。種種跡象顯示，不少企業只打算在目標學校進行篩選。這類「學歷過濾」（学歴フィルター）也意味著「就活」這場遊戲中，每個人手上的籌碼也常取決於上一個階段——大學考試——所拾得的成果。不論公司規模大小，通常都會辦理基本能力測試，內容涵蓋範圍依有不同，最基本的考試通稱ＳＰＩ，由日本最大的人力公司之一Recruit（リクルート）所設計，基本內容包括算數、語文能力與性格測驗。除了ＳＰＩ制式型的考試之外，有些業界也會有自己的考試。比方說，新聞媒體、出版或者旅遊業更傾向測試學生們的作文能力與「一般常識」，包括世界史、國內外地理、政治時事、英文能力、科技發展等基本能力或常識測驗。

（C）面試

若幸運通過了初期考驗，通常接下來才是更辛苦的。得到面試機會之前，通常會經過「團體討論」（グループディスカッション）的階段，先是將應徵的學生分組進行一個任務或者主題，揣摩他們以後在工作上的模樣與想法，並由考官在一旁觀察各個學生的反應。也有公司採取「團體合作」的選考方式，測試考生們能否團隊合作完成任務。

進入面試的階段，通常都需要兩次以上的面試，形式包括團體面試和個人面試，有些特別競爭的企業，面試次數甚至高達八次至十次左右。在就職活動當中，一般會請學生說明「應徵該公司的動機」、「進入了公司想要做什麼樣的事業或業務」，從該學生的回答中評斷這位考生適不適合這間公司，以及這位學生對於這間公司與所屬的業界所做的功課是否足夠。不過，比起學生們的專業知識，企業更注重這個學生的人格、興趣，以預想他們將來在職場的潛在表現，比方說「學生時代，或者到目前為止最努力過的事情是什麼呢？」或者，「你目前為止怎麼樣克服遭遇到的失敗？」

即使這些面試問題可以被預期準備，實際面試時還是會有各種出其不意的問題，以測試考生的臨場反應與態度。這種類型的面試，連同面試官刻意表現出漠不關心、挑釁，甚至謾罵的態度，被稱為「壓迫面試」（圧迫面接）。面試次數越多，代表與該公司越高層的主管有所接觸，經常到了「最終面試」，會由該公司的社長或者董事進行面試。然而每一個階段都還是有落選的可能，要過關斬將拿到所謂的「內定」（即合格），才算是正式成為社會新鮮人。

至於沒有拿到門票的學生，往往收到的是「祈福信」（お祈りメール），內容大意如下：「我們非常抱歉做了艱難的決定無法讓您進入下一個階段，也祝福您接下來的就職順利。」每年往往有近一成的學生不幸「摃龜」。由於沒有在新卒就活中得到工作機會，意味著幾乎無法找到下一份工作。這樣的「就職浪人」，由於缺乏正式的工作經驗而無法透過轉職活動找到工作。為了避免這個現象，不少人選擇技術性「延畢」，以求第二年至少還能再度以「新卒」的身份找工作；也有人會趕緊報名碩士班，以再求兩年的時間準備就職活動。

某些就職不順的學生則選擇了另一條路，也就是所謂的「非正規雇用」，包括打工族，或者受雇於派遣公司，找尋擔任「契約社員」的機會等。「契約成員」，顧名思義，便是與雇主簽訂有合約年限的新約，也不保證年限到了仍有機會續約。各公司狀況不同，有些契約社員的薪資與補助待遇低於正社員，公司也並不將契約社員視為「一家人」，但相對而言契約型的員工責任與工時比較彈性，也沒有義務要對公司展現忠誠。作為派遣員工，不論是就安定性，還是薪水，以及社會地位而言，不但有首先被裁員、不受工會保障的風險，也幾乎沒有升職的可能。曾經，這類「正社員」以外的勞雇形式並不被社會大眾認可，認為這些族群是能力比不過正規的上班族，才會「淪落」至此。至今雖然對於非正規雇用員工的刻板印象仍然存在，做契約社員、打工族仍是許多女性面對婚姻、生育時的折衷方案，中高年齡層雇用非正規勞動力的比例也高達四至六成，青壯年齡層間「非自願非正規雇用」的人也佔多數，不少人仍然仰望著能成為「正社員」的一日，成為真正有體面的上班族。

## 「就活」的歷史

相較於許多亞洲國家，日本如此複雜的就職制度堪稱「奇觀」，其歷史則可遠溯至明治時期。一八七〇年，三菱集團開始定期採用優秀的大學畢業生。這個制度在昭和初期的一九二〇年代開始被廣泛採用，名導演小津安二郎的作品《我畢業了但……》就曾描述大學畢業生找工作的困難，片名也一度成為當時的流行語。

二戰期間，就職活動一度中斷，直到戰後日本景氣復甦，大學生求職也越來越競爭，學生應徵與確認錄取的時間往往比真正開始上工的日期早了許多。企業方面希望能早點確保新進員工，但學校方面卻認為提早找工作會影響學業，於是企業與學校便於一九五二年制定了所謂的「就職協定」，其中日本文部省為免影響學生教育，也派人參與協商。不過一九六八學運興起後，學生與大學之間的不信任感高漲，從前由國立大學或者名門私校學校推薦進入企業界的管道逐漸失靈，學生們也開始自行應徵各種企業，促進了「就職情報」的相關產業。

其後，日本景氣大為好轉，高學歷的人紛紛進入「花長風月」（意指生產力高的產業、能夠長期休假、社風良好，月薪又高的公司）。只是好景不長，日本經濟泡沫破滅，職場也進入「就職冰河期」，不少年輕人面臨失業。對此，業界採取「嚴選採用」的方式，開始重視履歷的撰寫與面試，以及學生們的自我推銷。時至一九九七年「就職協定」宣告廢止，就職活動更為自由化，各企業也得以開發自己獨特的招募方式，成員日益多元。

## 內定之後：職場文化大觀園

順利拿到內定之後，多數學生還剩下約莫半年的學生時光。若不幸無法順利畢業，辛苦得到的內定便化為泡沫。這批找到工作的學生，將會在隔年的四月一日參加「入社式」，正式成為該公司的員工。以大手公司為例，新鮮人通常不會立刻「上工」。由於錄取的學生背景五花八門，對於業界的理解也參差不齊，因此大多數企業會進行統一的研修訓練，為期不等，再經由研修的表現來分配職務，新鮮人的社會人人生，至此才算真正開始。通常，新人的工作會從基層開始，例如營業職（即業務）。以企業的角度而言，一名員工不但幾乎終身奉獻於該公司，也應該從現場的工作著手，理解這個產業與顧客群。在日本的職場文化中，如同俗話說「在石頭上辛苦悟道三年，也能得出一番成果」（石の上にも三年），要勝任一個領域，普遍公認需要至少三年的時間。因此，不少公司有了「十年三部門」的政策，讓員工們能在同一間公司的不同部門施展長才。

至於新鮮人的第一份薪水，隨著各個公司與業界不同有所差異。一般而言，日本企業注重升遷與加薪，東京的大手企業平均起薪近二十至二十五萬日幣，之後再逐年調薪。新創企業為了吸引人才，起薪通常會比知名度高的公司稍微再高一些，不過薪水的調漲就處在未知領域了。也有些企業的起薪超過三十萬日幣，這通常是「外資系」公司，或者銀行、顧問與資訊業界的待遇。除了底薪，多數公司於六月、十二月會給予分紅（賞与），也會補助員工的交通費、保險，甚至部分房租。

只是，日企雖以照顧員工聞名，但也因加班、性別與權力結構不平等的特質而惡名昭彰。日本的職場重視上下層級，主管還沒下班前，員工擅自離開工作崗位是被視為失禮的。當然，主管的命令更不得違抗，甚至如日劇《半澤直樹》中，上司將過錯推責給下屬的事件，也並不稀奇。日本職場也以性別不平等為名，年輕女性過去只能從事倒咖啡、影印等事務性工作，就連在職場上稱職的女性，往往「升職」（出世）也與男性不甚平等。婚後由於社會對於女性角色的期待，加上多數公司並不允許身為母親的女性繼續工作，不少女性員工於結婚、懷孕之際，就會辭職轉為全職的家庭主婦，稱為「壽退社」。這樣的文化也令許多業主傾向不雇用女性，因女性員工只能短期工作，對於公司培養員工的成本而言並不划算。

不過種種不平等現象，已在逐年改善中。一九八六年以來，日本通過兩性工作平等法，規範企業徵才時不得依性別招募。同時，職業婦女的比例也逐年攀升，一方面是景氣低迷，要維持一個家庭的生計已經很難單靠丈夫一個人的收入；另一方面，安倍首相的「女性經濟學」以二〇二〇年女性管理職達到三成為目標，各企業也努力改變形象，在就業市場積極拉攏女性人才。只是當今日本的社會結構對於職業婦女仍然有相當多的限制，不少雙薪家庭的孩子排不到育幼院，成為「待機兒童」。父母雙方無法準時下班，對於孩子的教育也有所影響，不少女性上班族因而選擇固定時間上下班，卻也因此喪失了升職的機會。

日本企業現在也嚴格規範各種不平等的上下關係，像是最常見到的「性騷擾」（セクハラ）與「職權騷擾」（パワハラ）。企業若缺乏規範，工時過長，或有性別不平等、離職率高的狀況，便可能被列為「黑心企業」（ブラック企業）。日本每年都會公布黑心企業名單，除了提供求職者參考，也警惕業界注重員工的基本勞動權益。

**待機兒童**

指許多雙薪家庭的兒童無法排隊進入一般幼兒園，只能在家中「待機」等待進入幼兒園。由於日本文化中比較沒有勞請父母代替自己照顧孩子的習慣，專業保母又價格昂貴，幼兒園的供不應求使得許多職業婦女在這樣的情況下不得不犧牲事業，成為一大問題。

不過，日本人平均勞動時間之長仍是世界數一數二，甚至產生了「過勞死」的現象。過多的期待以及社會壓力，經常以連續加班的形式表現，因責任與壓力而影響身心健康，甚至因此失去性命，為了防止這類的事故擴大，厚生勞動省規定一個月不得加班超過八十個小時的「過勞死線」。不過，對於很多日本上班族而言，加班是升職的必要途徑，甚至已經被視為一種習慣，或者是能增加薪水、不用立即回家面對家庭責任的最佳藉口。儘管政府與企業都在推動減少加班的政策，也順便為公司省下付加班費的成本，例如推行「無加班日」，但日本平均的勞動時數仍停留在一年兩千小時的尺度，整體起伏變化不大。二〇一五年的耶誕夜，一名同年春天從東京大學畢業，進入了日本最大的廣告公司電通的優秀人才高橋茉莉在過多的加班與責任壓力下，選擇在員工宿舍自殺。這件事情很快就被電通壓了下來，但是隔年高橋的母親上訴成功，女兒之死被法院判定為過勞死，使得紙再也包不住火。不少媒體報導高橋死前在Twitter上的話語，包括週末都要加班，「不知道自己是活著工作，還是為了工作活著」，眼看每天都有做不完的工作，其他同事卻仍然過著悠閒的生活，令每個月加班將近一百小時的她心裡不平衡。這起事件也令日本勞動局立即登門拜訪，也讓日本社會對於過勞加班重新檢視，最終電通社長宣布引咎辭職以負責。即使不少人批評高橋作為東大菁英抗壓性過低，禁不起挫折才選擇自殺一途，也不少聲音提出日本普遍對於職涯有太單一的想像，很多人沒有把「離開公司」當成人生中另一個選項，或者擔心就任不到一定年限內無法輕易找到下一份工作等等，都是需要檢討的地方。

不過，現在就算不小心進了黑心企業，員工也能換工作脫離苦海。過去日本的年輕人進入一家公司，便如同結婚般，一輩子為該公司奉獻心力。但隨著時代改變，多數年輕人對於第一份工作也不再忠貞如一，「轉職」逐漸成為另一個選項。轉職通常是透過人力仲介，流程上較「新卒就活」來得簡潔。若說「新卒」重視的是人的潛能，「轉職」看中的就是人的即戰力與工作能力。如同在一間公司要經歷三年才會更換部門，日本的轉職也多以二至三年的工作經驗為門檻。若在第一份工作無法累積一定資歷而轉職，或者因各種原因延遲就職活動，這種年輕人被稱作「第二新卒」，過去在轉職市場上不被認可，然而現在也逐漸被接受。

根據厚生勞動省的調查，近年日本近三成新進員工在三年內轉換跑道，轉職的年齡層中，又以年輕世代的成長率最高，女性的比例略高於男性，在這些轉職的人口中，「非正規雇用」者佔比最多。轉職文化興起同時，日本終身雇用制度的保障也不比從前了，相較於畢生為公司奉獻，年輕人更重視個人的生涯規劃。民間智庫的調查顯示，若理想的終身雇用制能執行，六成的民眾希望退休前能在同一間公司工作；但考量現行制度，有八成的受訪者認為轉職已經是很正常普遍的事。當轉職成為人生的其中一個選項，日本傳統的職場文化也隨之同步轉型。

## 衰退的日企？國際化的呼聲與轉型

自從日本經歷了八〇年代的泡沫經濟，日本企業逐漸走下坡，近年又飽受少子化與高齡化的危機。尤其亞洲鄰國中國與韓國的崛起，威脅了日本「亞洲之龍」的地位。為了解決這個難題挽救經濟，決定開啟大門，積極招攬外國的高階人才，甚至讓在日本就業的外國人取得「永久居留權」的門檻降低。根據法務省的統計資料，二〇一六年約有十四萬留學生將留學簽證轉為工作簽證，前五名分別為中國、韓國、越南、台灣與尼泊爾。同年的數據也顯示，擁有工作簽證的外國人當中，男女比例為七比三，他們主要從事「技術」與「國際事務」的相關工作。為了持續廣求外國人才，開始有人力公司定期舉辦給留學生的就業博覽會，不少企業甚至不要求日語程度或者日本學歷，直接前往中國、韓國等海外國家招募人才，再帶回日本培訓。同時，具有海外經驗的日本學生或者在國外長大的日本人，俗稱「歸國子女」，也成為不少日企鎖定的目標。

不過儘管政策如此，一般外國人在日本求職仍然困難重重。除了不少企業要求日文能力需如母語者程度外，外國人也不易取得日本就職活動的情報與撇步；同時多數日本企業對於「國際化」與「全球化」的想像過於單一，「會說英文」或是制式英文測驗的成績成為評量是否具備國際視野的重要指標。就算最後真的雇用了優秀的外國人才，卻未必能讓他們發揮與母國或者國際聯繫的功能，而是與日本人進行相同的工作內容。日本企業是否能完全接納員工來自各國的不同特質，是否正努力打造容納多元文化的環境，令人拭目以待。

## 職人精神：敬業的顛峰

在日劇與動漫中，晚歸的父親、被上司斥責的下屬、職場中不被看重的女性等角色，向來深植人心；但另一方面，日本人對於工作所投入的心力與敬業的態度，也頗具口碑，如同小說改編的日劇《下町火箭》中，描述中小企業對於零件品質與技術的追求，並依靠這份意志力對抗企業間的惡質鬥爭，充分體現了現代日本社會中的「職人精神」。

所謂的「職人精神」，源於日本傳統，意指在某一個領域——通常是手工藝或者工業，經過長期耕耘，達到爐火純青的水準。除了辦公室，如工藝、廚藝這類不依賴學經歷的技能若能練就精湛的技術，也是「敬業」的美德。例如漫畫《將太的壽司》的主角對於壽司的執著與要求，便反映了現實生活中壽司師傅的精神。這種「匠人／職人精神」不論在日本社會還是國際舞台，都備受注目與尊重，資深的職人甚至被譽為「人間國寶」。

即使隨著工業與資訊社會的到來，傳統的職人已經逐漸轉型，這樣的精神也不再侷限於工藝與技術，日本人仍然崇尚這種「敬業」的態度：工作並不只是為了賺錢，而應該「一生懸命」的付出。不論透過什麼方式，各行各業的人們都在自己的工作範圍內努力發光。隨著世代更迭，年輕一代對於職場的想像已在轉變當中，然而日本人這種對於「工作」的重視，也使得這群剛踏出校園、遞出履歷表的年輕人，面對下一步更為審慎。

# 房間

## 下流的人們

即使開啟一扇門也不一定
就有房間
即使有窗戶也不能說就會
有室內
不能說那裡就會有讓人類
生存或死亡的空間

——田村隆一，〈人類之屋〉

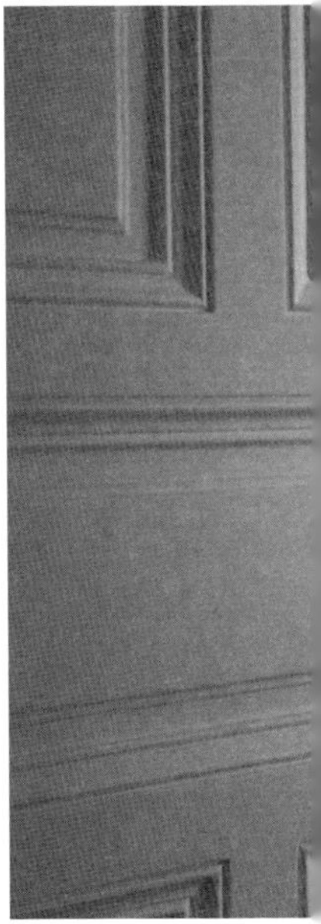

法國現象學家巴舍拉在其名著《空間詩學》曾經討論過「家屋」是「幸福空間」的典範，那是人們第一次棲居的所在，即使人們離開了自己的房間，仍然心存依戀，「它們在我們裡面，以及我們在它裡面。」同樣在今日的大都會裡，每一個家戶中的每一個房間，可能都藏有一個故事，甚至是秘密。然而，不是每一個房間都是幸福的。

位於東京某住宅區的一幢獨棟別墅裡，有一名男子已經超過二十年沒有步出他的房間了。他與父母同住，但因為足不出戶，父母也很久沒見過他，不知道兒子長成什麼模樣。男子曾經在大企業工作，看似前途美滿，卻因為事業上的挫折而閉門不出，每天仰賴父母供應三餐，徹底拒絕與人及社會有任何接觸，只透過網路世界與外界產生微弱的聯繫。

另一方面，位於北九州某小鎮的一個房間裡，一名獨居的五十二歲男性死後一個月才被發現。當鄰居們因為惡臭而發現他時，他的屍體已經腐敗潰爛。這個男人在這房間居住超過二十年，曾經擔任看護，因患有肝病而無法繼續工作而靠領取救濟金維生，卻在去世的前幾個月以「工作」為由辭退了救濟金。不料，他並未另尋工作維持生計，而是持續在房間裡忍受挨餓，持續地寫日記。在他最後一篇日記中寫道：「好想吃飯糰。」

這些都是日本社會真實的現狀。在戰後經濟成長期間，作為一個「超安定」的國家，人民生活富足，日本相當自豪；但一九九〇年代泡沫經濟破滅後，種種問題浮上檯面，逼得社會不得不正視，不過這一切其實在先前的幻影中已存在前兆。大前研一的「M型社會」率先警惕世人：在不遠的將來，資源分配即將大轉型，身為社會中流砥柱的中產階級即將消失，人們不是變得更有錢晉升為上層階級，就是越來越窮，淪為下層階級。

大前研一的預言是否成真仍有待商榷，但不可否認的是，二十一世紀的日本處處充斥著各種「格差」，人與人之間，或者群體與群體之間的不平等與落差，導致越

**M型社會**

日本知名經濟評論家大前研一於二〇〇六年的著作《中下階層的衝擊》一書中，提出了「M型社會」的概念。在此之前，另一名商管大師威廉・大內也曾於一九八四年《M型社會：美國團隊如何奪回競爭優勢》一書中提出類似的說法。

來越大的鴻溝。更嚴重的是，據社會評論家三浦展的觀察，撇開金錢收入不論，日本社會整體而言有「喪失鬥志與意志」的傾向，其中又以年輕人最為顯著。他稱這個趨勢為「下流社會」：此處的「下流」並不是傳統的階層意義，屬於下流階層的人們未必沒有物質享受，但是缺乏積極性與溝通能力，且學習能力低下，因此難以逃脫「下流」的命運，同時也喪失了「向上流動」的動力。

二十世紀初的社會學家齊美爾曾寫道：「現代社會最深刻的問題在於個人如何在面對強勢的社會力量、歷史遺跡的重量、外部的文化與科技之中，還保持他的個人性與獨立。」一百年後，這個問題仍然困擾著當代的日本，個人與社會之間漸漸產生一道難以跨越的牆壁，在集體主義仍然盛行的文化裡，一個人該如何適應變化快速的潮流？是否只能選擇融入，或者消極的放棄抵抗？

**下流社會**

日本社會學家三浦展於二〇〇六年的著作《下流社會：新社會階級的出現》中，正式提出這個概念。

## 不進擊的魯蛇：房間就是我的世界

戰後日本經歷了各種戲劇性的轉變，從饑荒到經濟起飛，又或者是曾經身為六〇年代激昂的學生運動中的一員，這個世代的記憶已經成為上一個世紀的歷史。但是，在泡沫經濟中出生的孩子們也因此跟他們的父母輩有著全然不同的生活經驗。他們生活在一個日本已經緩緩走向衰落，科技技術卻不斷進步的時代，世代之間的差異與嫌隙已逐漸浮出。

二〇〇二年日本開始實行「寬鬆教育」，為了減輕學生的負擔，刪減了原本中學課綱的三分之一，並且實行週休二日，這也讓一九八七年以後出生的人們被稱為「寬鬆世代」（ゆとり世代）。然而在上一輩「團塊世代」的人們眼中，「寬鬆世代」無異於「草莓族」，當他們還是年輕人時可是埋頭苦幹地工作，整天跑透透到鞋子都磨破了好幾雙，「寬鬆世代」卻普遍學習能力不強、抗壓性低，在職場上也不太懂禮儀，令上一代的總是感嘆日本「一代不如一代」。不過，現今日本年輕世代的問題，不僅僅是抗壓性低或者在職場上用錯敬語，而是有一部分年輕人將自己的世界上了鎖，這些被稱為「尼特族」、「繭居族」等的「偏差群體」，成為社會迫切關注的議題。

## 團塊世代

指日本戰後嬰兒潮（狹義為一九四七年至一九四九年出生，廣義為一九四六至一九五四年間出生）的世代。「團塊」一詞來自於小說《團塊的世代》，意指大家團聚再一起默默向心付出。團塊世代是日本戰後以來發展的中堅，他們的特徵在於沒有經歷過戰爭，成長於日本經濟快速發展且競爭激烈的年代，生活富足，也經歷過學運與泡沫經濟。目前團塊世代即將到達退休的年齡，他們也面臨著日本秩序崩裂、年金與醫療保險的調整等嚴峻挑戰。

「尼特族」（ニート）一詞最早來自英國，指的是「沒有工作，亦非在學或者接受職業訓練的年輕人」，年齡層大約落在十八至二十五歲的區間。「尼特族」的現象逐漸成為全球問題，日本最早在二〇〇四年左右已浮現，為數可觀的年輕人因各種原因不工作。根據經濟學者玄田有史的研究，尼特族有幾種成因：有些人因為自視過高而與社會脫節、有些人受到父母過度寵愛，而有些人則是在求職過程中受到挫折便一蹶不振。媒體乃至輿論對於「尼特族」普遍持負面態度，有人批評這些年輕人單純是懶惰或者只受到一點打擊就不工作也不上學，是雙親的「寄生蟲」。

不過，也有許多人為尼特族說話：玄田有史在東京大學的同事本田由紀就認為他對於尼特族的定義有誤，很多情況下，不是年輕人太消極不願工作，而是大環境根本無法提供合適的工作崗位給年輕人。尼特族生存在經濟不景氣、就業困難的世代，再加上日本的失業輔導制度尚未完善，相較於歐洲更容易催生尼特族。不少尼特族原本是「飛特族」（フリーター），包括打工族、自由業者，或者是擔任契約社員，但在不景氣下失去了飯碗，而日本的就業模式又有一套鐵式的原則，未必適合所有求職者，重新找工作並不容易。因此也有團體呼籲不應該用「尼特族」這種歧視性的字眼，改稱「大器晚成」（レイブル）或許更為合適。不論如何，日本政府正試圖積極改變這種現狀，厚生勞動省協助各地的非營利組織舉辦各種青年學園，以提供職業訓練與心靈成長課程。

只是，除了尼特族，還有一群人無法這麼輕易地透過各種外在組織得到改變：他們不但不工作、不上學，更是足不出戶，甚至拒絕接觸他人或社會。社會上對於這群「繭居族」（引きこもり）普遍抱有這樣的印象：他們在職場或學校受到挫折而抬不起頭，躲在家中仰賴父母、不願出門，渾渾噩噩。根據日本厚生勞動省的定義與統計，繭居族是長達半年以上足不出戶的人，年齡層介於二十至三十世代，並且有年齡逐漸增長

**飛特族**

英譯自"freeter"，指沒有全職工作，以一份或者多份兼職工作維持生計的人。

**尼特族**

英譯自"NEET", "Not in Employment, Education or Training"，指沒有工作，也沒有升學或者接受職業訓練的人。

**繭居族**

通常指超過六個月沒有與社會接觸，沒有職業也沒有收入的人。

的趨勢。這個現象最早可見於一九九〇年代，最新的調查指出，日本將近五十萬人屬於繭居族。對於經濟成長緩慢的日本而言，這些人被視為「拖垮」經濟的原因之一。

不過，不少專家指出，繭居族很可能源自日本過於正經的社會規則以及對於「成功」的單一想像。繭居族的成員以男性居多，而且大多來自中產階級家庭、受過良好的教育。在自我封閉之前，他們可能都在學校、職場表現良好，卻也因此承受極大的壓力，導致遭遇挫折或者無法回應父母的期待時，便選擇拒絕再與社會接觸。尤其日本社會講求「面子」（世間体），一旦成為繭居族，就越來越難脫離這個狀態，即使有人成功重新回到社會，也時時擔憂別人發現過往的經歷。

長期關注繭居族問題的齋藤環醫師透露，繭居族大多「心理受到了折磨。他們想要走出去，也想交朋友或者談戀愛，但就是做不到。」繭居族的症狀也因人而異，有人沉默，也有人與家庭產生嚴重衝突，甚至使用暴力發洩內心的創傷。而當家中出現了繭居族時，不少父母親也不知道如何應對。有些父母採取極端的處理方式，他們斥責不出門的孩子，或者僱用一些公司「破門而入」，直搗孩子的房間，逼他們面對自己，但通常這種做法總是帶來災難性的後果。更多的父母則是不忍心將孩子趕出家門，只能無奈地每天將三餐放在孩子的房門前。

齋藤環醫師認為，繭居族並不是精神疾病，而是所謂「社會退縮」的結果。日本社會的種種特色，例如刻板的成功印象、不打擾別人或是強調忍耐等文化都是繭居族的肇因，除了繭居族本人，負擔繭居族的家庭也會跟著孤立於主流社會。因此若要治療繭居問題，光靠一個人是無法達成的，而是需要整個家庭一起努力。此外，齋藤也點出日本的親子文化，尤其是母親與兒子的關係。多數受困於繭居狀態的人為男性，其中又以長子佔大多數。亞洲國家多信奉「男主外，女主內」以及男性應該打拼成家立業的觀念，日本也是如此，且以往也實行長男繼承文化。[1] 尤其日本的母親與兒子之間原本就有很高的依存度，多數母親都照顧她們的兒子到三十甚至是四十歲左右，再加上日本崇尚「牽絆」與「相互扶持」的價值，也讓這些中產家庭的繭居族能夠留在家中接受父母的照顧。

社會學者山田昌弘在他的《社會為何對年輕人冷酷無情》一書裡開門見山地形容現在的日本存在一個現象：「對年輕世代冷淡嚴酷的社會，對子女體貼呵護的父母」。戰後嬰兒潮世代在經濟發展下，享受著終身雇用制與年功序列的保障與社會福利，相較之下，遇上泡沫經濟破裂、亞洲金融風暴，生長於經濟停滯期的日本年輕人，其權益受到漠視。從前年輕人到城市工作，除了能養活自己，還可定期寄錢孝順父母，現在的年輕人就業狀況不佳，薪水也普遍不高，成為「工作貧窮」，導致多數年輕人只好住在家裡以節省開銷，越來越多人成為「寄生單身族」。而父母輩的即使

[1] 儘管繭居族並不限於男性，但若家中足不出戶的是女兒而不是兒子，那麼父母通常比較不會視為急迫的問題。

在職場對於年輕世代抱有偏見，對自己的孩子卻又比從前更加溺愛。這也暗示著由於外界環境對年輕人不友善，使得年輕人更加依賴父母，家中遂成為最溫暖、甚至是唯一的「居場所」。[2]

## 啃食著老本：銀髮族的兩種命運

日本人除了擔心年輕人「不爭氣」，另一個問題更令人擔心：年輕人越來越少了，而老人越來越多。目前擁有一億兩千萬人口的日本，被稱為全球「最長壽」也是「最老」的國家。聯合國定義的「高齡化社會」是：整體總人口中，年齡超過六十五歲的比例大於百分之七，若超過百分之十四就代表已步入「高齡社會」。日本由於醫療引領全球、生育率降低，早在一九七〇年代末期就達到「高齡化社會」的門檻，一九九五年已正式成為「高齡社會」，到了二〇〇五年，首次出現人口負成長。根據預估，等到二〇六〇年，日本的高齡人口會佔總人口四成，「超高齡社會」的趨勢已經來勢洶洶，勢不可擋，甚至有學者預言未來日本的人口很可能會減半。

[2] 在日語中意指令人安心自在的場所，或是最能發揮自己才能的地方。

當年輕人認為受到「世代歧視」的同時，日本的「仇老」氛圍也漸漸增強。日本傳說這樣一個故事：在一個遙遠的貧窮村莊，不但棄養男嬰，連女嬰都被賣給隔壁的村莊，每當村裡的老人到了無法工作的年齡，就需要由子女親自背他們上山「祭神」，實際上就是任他們自生自滅。小說家深澤七郎將這個故事寫成小說《楢山節考》，並被拍成電影，赤裸裸地展現人性中「不適者淘汰」的人倫悲劇。只是，即使到了二十一世紀，還是有人相信戰前右翼團體「血盟團」所信奉的「一殺多生」的觀念，意即犧牲一條性命能夠挽救更多的生命，並且將之應用在現今的高齡者身上。在經濟持續停滯不前的陰影下，醫療費用的提升也讓長壽的高齡者耗去社會大量的資源，只是這個切入點正腐蝕日本社會的倫理。有位統計學者西內啟便曾計算日本一年所有重症高齡者需要耗費兩兆日圓的社會福利資源，而投注了這些高價的醫療費用，

**血盟團**

為日本三〇年代左右的右翼恐怖團體，具佛教日蓮宗的思想背景，曾發起多次政治暗殺，包括當時處於政治權力核心的犬養毅、西園寺公望等，都在他們的暗殺名單之中。

多數高齡者大多只能延長一年左右的壽命；甚至連首相麻生太郎都曾失言：「高齡者早點死掉，日本的經濟才有救」，引發撻伐。不過對於這個現實的問題，日本政府也提出諸多對策：增加醫療服務、近期也商議開放外籍看護、徵求外國人才並鼓勵女性久留職場，並且修法延長職場年齡，以求增加勞動人口。同時，社會也鼓勵高齡者退休後「高齡再就業」，二〇一四年的調查顯示約有四成高齡人口仍在工作。

只是，高齡者之間也有「格差」的鴻溝：有些老人領著高額的退休金，過著優渥的退休生活，有人卻是子女不聞不問，僅能依靠養老金維生。專攻社會福利學的學者藤田孝典沿用了三浦展「下流社會」的概念，進一步提出「下流老人」之說。他指出目前日本高達近七百萬的老人人口不但收入低、存款少，更沒有可以依賴的親人。即使他們年輕時薪水穩定，並且持續累積存款，年老後卻因為自己或者伴侶的高額醫療費用，或者老年離婚需要支付大筆贍養費的情形，而產生經濟困難。這些老人的子女恐怕連自己都養不起，遑論供養父母，這些情況都可能造成「下流老人」。

藤田義正嚴詞地指出這個嚴重的社會問題若無法解決，號稱「一億總中流」的日本很可能無法實現政府規劃的「一億活躍社會」，甚至會步入「一億人老後崩壞」之深淵。這些銀髮族依靠年金，月入五、六萬日幣，即使政府可發放每月五萬圓的房屋補助與八萬元的生活費給貧窮的長者，不少長者礙於面子仍不願領取救濟金，寧可「不麻煩別人」，繼續過著窮困的生活。畢竟日本社會普遍仍認為老而貧窮是因為「少壯不努力」。

**下流老人**

藤田孝典（二〇一三年度日本厚生勞動省社會保障審議會特別部會委員）於二〇一五年的著作《下流老人：一億總老後崩壞の衝擊》中，首次提及這個詞彙。

**一億總活躍社會**

二〇一五年九月，安倍內閣提出「一億總活躍社會」的目標，強調未來要維持一億人口，並透過「育兒支援」、「社會保障」與「強大經濟」三大面向，解決少子化與高齡化等問題，將經濟列為最重要的施政重點。

**一億總中流**

指日本在七〇年代時，人口達到一億，經濟穩定發展，這段時期多數的日本人自認為是中產階級，又稱「國民總中流」。

最糟糕的情況是，不少老人轉向自殺，甚至鋌而走險。高齡者的犯罪次數不但年年倍增，甚至在二〇一五年打破三十年來的紀錄，超越了未滿二十歲的年輕人，監獄中每五個人就有一個受刑人超過六十五歲。他們大多都是只靠老人福利基金過活的貧困老人，為了維持生計而在超商順手牽羊。甚至，二〇一五年發生了這樣一個驚人的案件：一名七十一歲的老年男性於東海道新幹線燒炭自殺，不但造成列車起火，也造成另一名女性乘客死亡。警方事後調查，這名老人生前住在東京都內，曾經擔任清掃工作，失業後領著一個月十二萬日幣左右的年金津貼，又沉迷於柏青哥賭博，對於未來越來越黯淡悲觀。據精神科醫生診斷，該名老人選擇如同跳軌般的極端方式自盡，用盡自己生命最後的力氣控訴這個社會。

不過，除了採取激烈方式結束自己生命的老人，在日本還有更多年長者是在沒有選擇的狀態下，孑然一身地死去，越來越多「孤獨死」的案例正在發生：為數可觀的獨居老人因病或者飢餓在家中過世，他們大多患有慢性疾病，無依無靠，也缺乏社會聯繫，其中尤以男性佔多數。這些長者在無人知曉的狀態下死去，也因為沒有照料與聯絡的人，多半是屍體發出異味後才引發鄰居報警處理。近年來，「孤獨死」也有年齡下降的趨勢，曾有一名三十八歲的男性因職場不順而淪為繭居族，最後孤獨地死去，留下悲傷的父親白髮人送黑髮人。

孤獨死的現象甚至衍生了相應的產業，包括提供生前契約、共同築墓等服務，讓獨自生活的人可以不必擔心自己的後事。畢竟除了生前的孤獨，人們也擔心淪為新聞中那樣不堪的下場：當警察與「特殊清潔隊」進入這些老人們的房間時，室內遍佈各種黏糊液體、蒼蠅飛滿天，令人不忍卒睹。清掃孤獨死者的房間被稱為「最悲傷的工作」，這群「特殊清潔隊」不但為死者清掃房間，通常也會留下鮮花，焚上一炷香，代替這個遺忘了他們的世界，送往生者最後一程。

## 孤獨終結者：改變生活吧

二〇一〇年ＮＨＫ推出一部紀錄片《無緣社會》，片中將「無緣社會」定義為失去了血緣、社緣以及地緣的紐帶，在經濟高度線性發展的過程中，人與人之間日益疏離。日本不但自殺率高，結婚率也越來越低，單身者無依無靠，年長者孤獨死的案例越來越多；終身雇用制與年功序列制的崩毀，讓越來越多人只能屈居契約社員或打工族，隨時都可能失去飯碗，無形中導致年輕人失去生活動力，成為尼特族與繭居族。這部紀錄片引發熱議，不過同時也有人提出不同觀點：「無緣社會」對照的是「有緣社會」，日本也曾經是人與人之間具有高度聯結性的社會，然而為了追求進步的生活與自由，個人主義的興起是必然的結果。從這個觀點而言，「無緣」或許不是那麼悲觀的事情。[3]

向來流行一人獨居（一人暮らし）的日本，在這種氛圍下，有人開始逆勢操作，鼓吹「合租公寓」（シェアハウス）：這是指房客們同住一間家庭式的房屋，每個人擁有自己的房間，與其他人共享廚房、衛浴設施等公共空間。相較於單身套房，這種模式產生了另類的「連帶」：住在同一個屋簷下的人們，未必是血緣或者法律上的親屬，例如不少合租公寓招募住戶時，會期待彼此有共同的興趣，「住家」因而不只是生活，而可以是「同好會」。一些合租公寓的管理者也表明，希望這個制度有利於弱勢族群，除了不容易租到房子的外國人，若能讓獨居老人、單親家庭以及年輕人同住，豈不是能增加彼此與社會的聯結？

當然仍有人選擇過著自己的孤獨人生。一位名為大原扁理的男子沒有大學學歷，曾當過三年繭居族，後來從愛知縣搬到東京打拚，每天工作十二個小時，薪水卻大部

[3] 此外，也有人抨擊NHK拍攝這部紀錄片的手法有違反道德倫理之嫌。

分拿去繳房租。大原開始思考：這樣的人生是他要的嗎？於是他搬離東京市中心，在郊外租了一間便宜的房間，不花錢搭電車，改騎腳踏車，每週兩天擔任看護，其餘時間藉由寫作賺一點外快。雖然月收入不到十萬日圓，但因極簡的生活模式，尚可收支平衡。大原將自己獨特的經驗出版成書《才不是魯蛇》，在日本引起迴響。雖然有人嗤之以鼻，卻也意外啟發部分讀者反思自己的人生道路。

大原最近找到了新的隱居地點：台灣。由於其書也在台灣出版，剛好又有打工度假制度，於是打算在台灣待上幾年，找份工作。他具有個人風格的生活在台灣會遇到什麼樣的火花令人拭目以待；只是，無論是「下流社會」還是「無緣社會」，都不是日本特有的現象，也不是只有日本人淪為「下流老人」或者「繭居族」。在世界上許多積極追求經濟發展的國家，包括鄰近日本的台灣，這些故事也都處於現在進行式。在這個都市裡徬徨的人們，並不是每個人都能像大原一樣找到自己在這個社會生活的法則，更普遍存在的是孤獨、寂寞以及恐懼。如同小說家吉田修一在《惡人》中所說的：「現在這個社會，連珍惜的對象都沒有的人太多了。」

# 2010年代——

## ＞＞＞日本，下一步？

# 生魚片

## 我們還能相信誰？

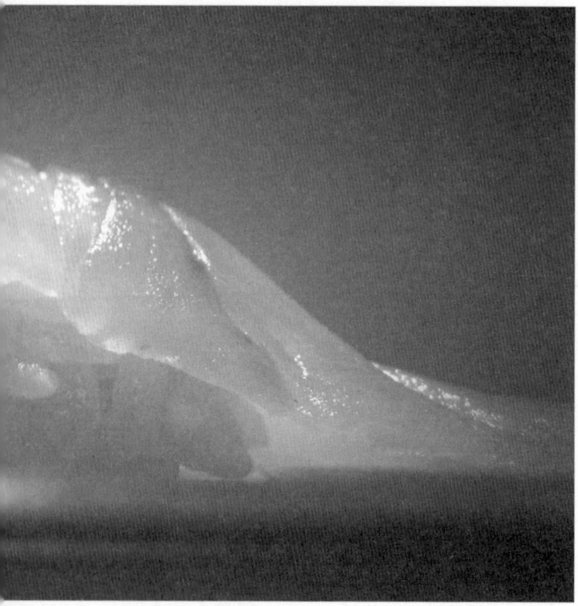

享譽全球的日本料理中，最有代表性的非生魚片莫屬。生食深根於古老的東亞的飲食文化，除了日本之外，中國在《漢書》中已經記載「生肉為膾」，歷史上朝鮮、東南亞也出現過生魚片的痕跡。不過，提到了生魚片，人人想到的總是日本。作為四周環海的

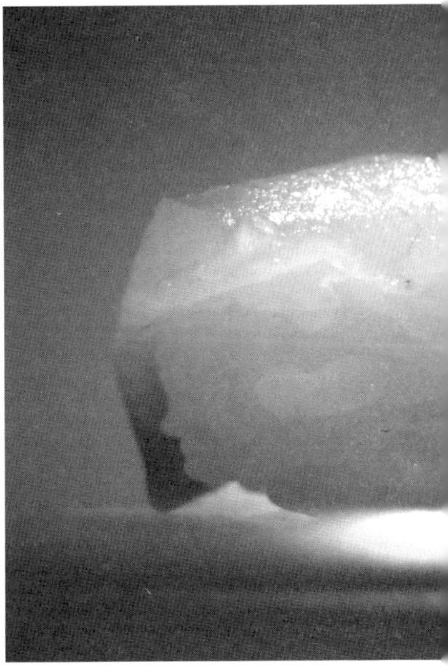

島國，日本善用海洋資源，發展出精緻的生魚片（刺身）文化，並且成功輸出海外，成為許多外國觀光客來日本最期待品嚐的料理，或者在各國大城市中都發揚光大，生魚片彷彿是日本最有力的代名詞。

不過幾年前的一場災害，使得向來作為高級和食料理的生魚片面臨滯銷的危機，瞬間乏人問津，失去光彩。

這場俗稱「三一一」（正式名稱為「東日本大震災」）的災害，是日本二十世紀後半以來最嚴重的天然災害，上萬人死亡失蹤，更造成福島核電廠的核輻射外洩，污染了大面積的土地與海洋，蔬菜水果以及魚類也不得倖免。尤其海洋一旦遭到輻射污染，便影響了整個食物鏈，由於核輻射物無法輕易分解，只能殘存於海洋生物體內，直到有一天被人類攝取。日本頗富盛名，甚至被標示為世界文化遺產的「和食」瞬間變成了「核食」，曾經垂涎的美食至今令人倒退三步。

只是上天關了一扇門，肯定也會再開扇窗，三一一也為日本社會帶來很大的改變。有人認為三一一為日本漫長的「戰後」時期劃下句點，因為戰後數十年高唱的「科技」、「和平」與「繁榮」等口號，在三一一之後受到質疑，不少日本人重新思考未來的可能性。曾有日本學者打個有趣的比方：二次世界大戰前，日本人相信軍隊與政府；到了戰後，他們覺得被政府欺騙了，開始改相信科技；但是等到三一一之後，他們才發現，連科技也無法相信。

那麼，現在的日本人還能相信什麼呢？

## 國難的天災，天災的國難

二〇一一年三月十一日下午一點四十六分，震動了整個日本。

地震本身維持近一分多鐘，搖晃得相當大力。將近三點左右，從北海道至伊豆半島，各地掀起一波又一波海嘯，高達十至四十公尺。民眾透過電視螢幕目睹巨大的海浪將住宅、車輛、甚至是橋梁等公共建設無情地沖走。除了硬體上的損傷之外，不少逃往緊急避難處的居民仍然抵不過海嘯的力量，命喪黃泉。東北地區受災的福島、宮城、岩手三縣中，以宮城縣受到海嘯的影響最為嚴重，尤其在女川町、石卷市、南三路町等地，幾乎各有數百人喪生，幾近「滅村」的慘況。這次地震可謂日本列島周邊觀測史上規模最大的地震，總共將近一萬五千人喪生，兩千多人至今下落不明。

同時，在大東京地區，即使距離數千里之遠，也感受到地震的威力。三月十一日當天，東京沒有一棟建築物傾塌，起先對於許多東京人來說，這或許只是一場較嚴重的地震罷了。但是很快地，東北的情況透過手機與網路迅速傳遍全國。他們得知這是日本目前遇到最大的地震之一，而且不僅如此，地震還引來海嘯。三點四十分時，東京電力公司緊急通報福島兩個核電廠已喪失功能，到了下午四點三十六分，日本政府正式宣告情勢進入「核能緊急事態」。當天晚上八點左右，東京所有的電車都停駛了，路上交通全面癱瘓。人們受困在外，或徘徊於各大車站，無計可施，最後只好徒步回家。一直到當天晚上，餘震仍持續不斷。

隔天三月十二日，受災資訊逐漸透明化，除了媒體報導，社交網路上的訊息也迅速流通。同日下午，福島第一核電廠被爆料流出放射性物質，隨著核電廠外洩的消息擴散，日本舉國陷入恐慌。內閣官房長枝野幸南立即發佈通知請核電廠周圍的居民避難，最終核能污染只能注入海水。這就是大地震與海嘯之後，另一場活生生的災難：「福島第一核電廠事故」。

作為一個天災不斷的國家，日本的地震防範工作向來非常深入，像是開發災害事前警報系統、定期宣導避難場所、推行防災教育等等。事發後，日本冷靜的緊急對策與災害管理也讓世人刮目相看。但是，這次的天災可謂日本戰後以來最嚴重的危機，日本政府預估重建將消耗十五至二十五兆日圓。福島核能廠的外洩，更可謂車諾比事件以來最嚴重的核災。災害發生後，日元的股價指數立即暴跌將近一成，震災也造成近十二萬人失業，其中以東北地區的失業率最為嚴重。世界銀行認定三一一事件造成的經濟損失是史上自然災害之最，而國際核能事件分級表也將福島事故劃為最高的七等級。

三一一這場國難般的天災，使得先進的日本在短時間內成為第三世界。在這一年，日本的觀光客暴跌到近十年的谷底，事發後各大國際機場的人潮甚至如難民一般，外國人爭相離開，在機場喃喃說道：「日本要完了，日本要完了。」這個一向被認為進步的第一世界國家的人民或許也開始困惑：日本真的要完了嗎？接下來究竟該怎麼做？

## 被遺忘／棄的福島

突如其來的天災打破了所有的日常。災害來臨的那一刻，對全日本人投下了一顆震撼彈。只是隨著時間過去，對於災區以外的居民來說，生活已逐漸回歸日常，電視也開始播放災害以外的新聞，商業廣告重新出現，原來的生活似乎已步入常軌。

然而即便日本如今經濟與生活水準已恢復到從前，但對於東北災區尤其是福島的居民而言，時間彷彿還停留在三月十一日這一天。伴隨著福島核電廠事故，「福島」也成為三一一的另一個代稱。福島的居民不但失去家園與財產，只能住在政府搭建的短期組合屋，更因核災的緣故而不被其他地域的人所接受，至今仍有超過十萬人居住在福島之外的暫居之處，等待著一個安穩的家。

雪上加霜的是，核輻射使得東北地區出產的農產品與作物變得畸形，外海的漁業更因核能外洩而損失慘重。日本引以為傲的漁業與生魚片料理，不再受到歡迎，農產品外銷的主要地區：美國、香港與台灣更是立即禁止日本的進口農產品，即便官方公布的數字試圖證明東北地區的農產品無害於人體，國際上仍多不認帳。當時的福島市長佐藤雄平也曾宣稱福島的米沒有受到污染，卻在同年八月被檢測出核能物質後，向民眾致歉。

同樣地，即使政府公布了各項數據，以安撫民眾核能汙染的影響在掌控之中，福島第一核電廠的崩壞已讓很多日本人失去信心。根據科學調查，福島將近一半比例的兒童罹患甲狀腺癌的比例攀升，這是非常少見的狀況，是同時也是先前核災中曾發生過的前例。然而日本的政府或科學界都巧妙迴避了這個問題，對外宣稱核輻射外洩問題已經在掌控之中。例如申奧成功後，面對外媒的質疑，東京申奧委員會會長表示：「福島與東京距離相當遠，不會有所影響。政府會負擔所有的責任」，並且請國際不必擔憂。

除了福島，整個日本以及東北地區確實看似迅速恢復。擁有話語權的人們總是呼籲日本民眾要抱有「希望」，地方政府不但開始推廣前往福島與東北地區的旅遊，大眾媒體與文化中關於福島的報導也都以正面居多，充滿鼓勵。二〇一三年的NHK大河劇《八重之櫻》更是為了支援東北地區的重建，而選了福島會津的故事作為題材。

只是，不少在異地重新建立生活的災民面對的卻是政府不再繼續提供住房補助，取消強制撤離令，鼓勵災民重返家園。對於很多災民來說，他們已經不願意再回去那個殘破且仍具危險性的家。即使政府對外公開表示災情都在掌控下，重建已經大多完成，然而對於實際上痛失家園的災民來說，回去福島意謂再度將自己曝露在核能的危險當中。到了今日，東北地區仍有不少鄉鎮如死城般淪為幽靈城市，完全不具生命力，只剩下殘破的創傷景象。

哲學學者高橋哲哉對此提出「犧牲的體系」的觀念，藉以形容核能發電中的權力關係：意即在社會上，部分群體的生活是依賴另一個群體的「犧牲」，而這樣的犧牲經常被美化或者有意識地隱藏，歌頌犧牲者「犧牲小我完成大我」是為了成全一個更大並且更有權威的共同體，像是國家、社會或組織。高橋認為，在這樣的邏輯下，當「犧牲」被揭穿，誰都無法承擔這個責任，互踢皮球，在日本除了犧牲了沖繩人民以讓美軍駐紮之外，福島的核電廠提供給日本電力也是建立在讓福島人民暴露在危險的犧牲中。如同丸山真男曾提出日本戰後是一種「無責任體系」，三一一也反映了這個現象。東北尤其是福島的問題至今尚未獲得解答，究竟誰應該負起責任呢？日本政府？東京電力公司？還是所有享用核能發電的城市居民？

### 無責任體系

這是日本當代重量級思想家丸山真男對於「日本為何走向軍國主義」所提出的診斷，意指責任並不只落在少數上層，而是因為日本社會沒有一個人能依照自己的行動進行決策，因此也沒有人能夠承擔責任。詳情可參本書〈零式戰機：難以面對的過去〉一章。後來也有人將這個概念運用在商場以及當今日本的政府官僚體系中。

## 重返街頭：市民社會的回歸與轉向

三一一地震不只動搖日本的地質板塊，更撼動了日本的政治與社會版圖。

首先，日本政府對於災難欲蓋彌彰的態度以及緊急措施的不足，受到很大的批評。當時執政的民主黨首先成為眾矢之的。上任近一年的菅直人首相，是日本五五體制後首位非自民黨的首相。東日本大地震發生前，菅直人的聲望其實已岌岌可危，但三一一仍是最關鍵的一擊。不少民眾由此認為民主黨缺乏執政經驗，「還是自民黨可靠些吧！」菅直人閣揆儘管僥倖通過了自民黨於六月發起的不信任案，最終仍於同年八月辭去首相一職，由同黨的野田佳彥繼任。之後，接續野田位置的，便是自民黨政治明星的安倍晉三，從此自民黨強勢回歸，再度成為日本的執政黨。

三一一除了導致執政當局受到批判，也讓知識圈開始反省完全信任科技的價值觀。例如，有些抱持「日本人論」的激進派學者主張，三一一是給日本的警示，科技與過度開發造成大自然反撲，日本應揚棄西方科技，回歸傳統式的生活；也有人說，三一一造成的損傷並非來自天災，而是來自人禍。社會上各種解釋與評論，其實都在試圖尋找日本經過這次巨大災害後的新方向。

福島核電廠的崩壞，也帶給日本重新檢討「核」的契機。當初將核能發電引進日本的是美國戰後的建設。當時為了安撫民眾的反美情緒以及廣島和長崎原爆的創傷，政府透過主流媒體宣傳「和平使用核能」，試著讓民眾相信核能不但能夠帶來科技的進步，更能帶來和平。因此，如同京都大學核能工程學者小出裕章所說，「核能的歷史就宛如日本的戰後史。核能被選擇作為經濟成長的標誌，然後風險只分散在窮困地方的弱小市民身上，好讓城市的人們能夠好好地享受生活。這樣的代價被遮掩，形成另一種新的歧視。」

雖然早在福島事件之前，日本不是沒有反核的聲音，然而之前這問題主要集中在核電廠所在地，並未受到廣大民眾關注。福島核災之後，日本的知識份子與年輕人開始站出來，其中尤以諾貝爾文學獎得主大江健三郎所帶領的「再見，核能」運動成效最為顯著。大江等抗議民眾於代代木公園示威，多達六萬人參與這次行動。大江希望大眾能透過核能的問題，進而關注憲法第九條的整套系統，因為這兩個議題在民主主義的發展下息息相關。如同大江所呼籲，公民社會的覺醒也牽動了核能之外的各種社會議題，從對於地方政府的反動到日本的國安問題，都重新受到檢視。

美國學者Richard J. Samuels指出，三一一事件是改變日本的轉捩點。不過與其說是災害促進了一連串的社會轉變，不如說是三一一開啟了骨牌效應，讓許多沉澱已久的社會議題同地震一起被爆發了出來。儘管事件發生一年後，隨著經濟的復甦，人們回歸到日常生活，街頭上的聲音也逐漸減少，然而整個社會氛圍已經悄悄轉變，而日本的下一步，又將往何處去呢？

## 感謝台灣：後三一一的台日情誼

日本作為第一世界的國家，受三一一摧殘，引發國際關注。各國紛紛捐助款項及物資協助日本重建，包括美國與中國都派遣了救難隊，日本的志工制度也較阪神大地震等前幾次震災來得純熟，不少民眾搭乘夜間巴士，前往災區提供第一線的援助。

其中令不少日本民眾跌破眼鏡的，是一個叫做台灣的地方，一共捐給日本兩百億日圓，這金額甚至高過日本在國際上最有力的盟友美國。台灣不但給予經濟上的援助，政府也派遣了救難隊，並且捐贈超越一千噸的物資。台灣的各種民間團體，包括演藝人員、宗教團體都熱心募款，地方政府與立法院首長也率先帶團赴日振興日本觀光。台灣的觀光局甚至為日本災民籌辦了「希望之旅」，讓失去家園的災民走訪台灣的集集大地震災區，了解台灣人如何走過災害帶來的傷痛。

這個現象使得許多日本人開始注意到這個小島，他們納悶著：「台灣人為什麼願意捐贈給日本這麼多錢呢？」此前，儘管不少日本人曾來台旅遊，也略知台灣在東亞的政治光譜中似乎屬於「親日」這一方，但普遍而言對於台灣的了解並不多。這個小小的島國，人口不到美國的十分之一，只有日本的五分之一，竟然捐了這麼多錢給日本打氣，究竟是為什麼？

當日本人還在思考這個問題時，當時日本的首相菅直人於同年四月十一日在各國報紙頭版以「絆」字的廣告與謝文，答謝各國給予日本的援助。只是對於捐款最多的台灣，日本官方並未特別表示，僅以函文向台灣交流協會致意，並沒有其他公開的作為。

不只是台灣人民，許多日本民眾也對於政府如此的表態感到失望，他們想著，「台灣會不會覺得我們忘恩負義呢？」其中，一名沒來過台灣的廣告設計師在自己的Twitter提出這個想法，呼籲有心的大眾合資募款，一人捐一千元日幣，就能累積龐大的金額。最後，他們募集到近兩千萬日圓，分別於台灣的兩大報《自由時報》與《聯合報》頭版刊登感謝廣告，並將剩餘的款項改捐慈善團體。這項稱作「謝謝台灣」的計畫，在廣告上先以日文寫著「謝謝台灣！」再以繁體中文寫道：「您的愛心，非常感謝。我們是永遠的朋友。東日本三一一大地震時，您們的支持使我們覺得相當溫暖。我將永遠記得這份情誼！」並且留下「日本志同道合者」的署名。

「感謝台灣」的風潮，並不止於這個行動。同年八月，一本女性雜誌刊登了台灣特輯，並以「感謝台灣」為名，鼓勵日本民眾前往台灣旅遊，以示日本對台灣的感謝。隨後，來台灣的感謝之旅相繼受到各大媒體報導，「台灣」在日本的人氣瞬間上漲。雖然台灣被視為「親日」之國並不是這一兩天的事，雙方在商務以及旅遊文化上長期交流密切，然而廣大的日本民眾直到三一一之後，才對台灣產生較深刻的認識，互動也更為頻繁。三一一不但促進了日本自身的改變，也連帶牽動東亞鄰國的地緣政治與情感。

尤其，二〇一六年隨著台灣新政府的上任，安倍與蔡英文友好的關係也讓人期待台日之間能夠有更進一步的突破。然而，當民眾驚覺台灣政府即將開放福島等核災地的食品進口時，台灣人民的態度就有所不同了：儘管對於核輻射的審查標準以及核食對於人體是否有害等問題仍然有所爭議，由於食安問題過於敏感，許多民眾不願意承擔這樣的風險，認為政府這個舉動是以國民的健康換取外交上的利益。而面對曾經熱情的台灣民眾，部分日本人表示對於台灣人這樣的反應感到難過，他們相信通過政府嚴格檢驗後的食品是可以安心食用的，日本處處都有來自災區的食品，人們也是照常食用；不料台灣人卻不領情——當然這樣的不信任，不只是針對日本輸台食品，更包括對於台灣政府的查核能力等配套機制的不信任。可以說，三一一既是促進台日友好的一道催化劑，後來卻也因食安問題產生了裂痕。不過，除了利益之外，台日之間的關係，更讓人疼惜的是民間真誠的相互支持，台灣近來這幾波「核」食風暴雖看似一大考驗，但台日之間的友好也已成為一股趨勢，雙方民間在文化與經貿間仍有頻繁地交流，「核」食是否會真正影響民間的友好互信，仍有待觀察。

## 希望的絆？

距今近一百年前，關東也發生了一次巨大的地震，俗稱關東大地震。一九二三年九月一日的這一天，地震來臨時是正值中午，剛好不少家庭都在煮飯燒菜，當時的建築技術不夠完善，不少建築物倒塌了，還因此引發了東京大火。繁榮的東京市變得慘不忍睹。災害發生後不久，開始有謠言傳說在日本的朝鮮人趁火打劫，在水井裡放下毒水。這消息散播得非常地迅速，新聞媒體與軍隊也支持這樣的言論。很快地，在日本的朝鮮人，連帶因口音相仿而遭殃的琉球人與中國人等邊緣族群，遭到大眾獵巫式地追捕與屠殺。確切的死傷數字至今無從得知，有說兩千人，也有六千人以上的說法。

而二〇一一年這場大地震，損傷慘重的日本，並沒有再度犯下歷史的錯誤，而是延續了一九九五年阪神大地震所累積的志工制度。地震與海嘯讓日本明白，要從災害中走出來必須彼此合作。東日本大震災後的社會秩序，即使充斥著恐慌與不信任，緊密的社會連帶以及日本向來的「集體主義」也使得「團結面對未來」不那麼困難。

每年，日本漢字協會都會選擇一個漢字作為該年度的代表。二〇一〇年獲選的字是「絆」（きずな），原意為拴著動物的繩子，後來引伸作為「連結」、「羈絆」，或者強烈的情感。以此為契機，三一一之後，「絆」成為日本最具代表性的字眼，在各大場合都可以見到這個詞彙，菅直人首相向各國發送的感謝信也使用「絆」字作為文眼。此外，其它常見的還包括相近詞「連結」（つながる）與「社群」（コミュニティ），都強調日本要團結起來一同加油。無可否認，三一一不只為日本帶來災害與重創，更撼動了大家的心靈。而這樣的社會連帶，不只聯繫著島國內的人民，也牽動了國際間的互動與友誼，甚至跨越政治與外交的界線，進而深入民間的交流。

數年過去，日本也證明自己已走出陰霾，準備再度以活躍的姿態重登國際舞臺。畢竟自古以來，日本遭遇過無數天災，都不曾被打倒，這次東日本大震災也不會例外。至少，多數日本人是這麼相信的。

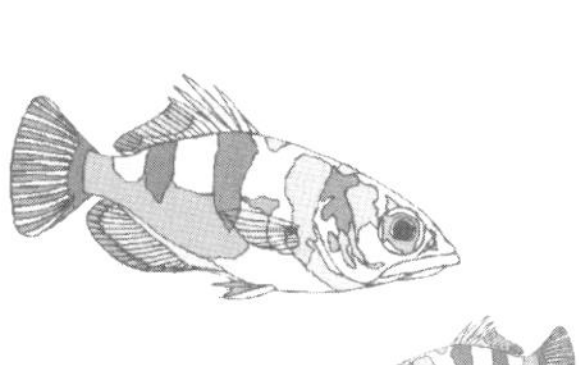

# 麥克風

## 你聽見人民的聲音了嗎？

### 你聽見人民的聲音了嗎？

東京永田町前國會議事堂前的廣場，民眾成群結隊拿著各式標語，他們憤怒地朝向國會吶喊：「反對手法！」「安倍下台！」在人群當中，有一個年輕女子拿著麥克風，她不但帶領民眾喊標語，還一邊以

搖滾、饒舌的形式喊著：「告訴我民主是什麼樣子！」她將麥克風遞給夥伴，如此一棒接著一棒，從麥克風持續傳來「不要戰爭……」的吶喊，一聲又一聲。

二〇一五年的夏日，日本學生似乎找回了戰後學生運動的那股悸動，在一群大學生的領導下，帶領民眾前往國會前進行反安保法案的示威行動。這個簡稱為SEALDs（Students' Emergency Action for Liberal Democracy s）的組織，由國際基督教大學、上智大學、明治學院大學等大學生發起，他們透過社群媒體聯繫，參與者超過上百人。SEALDs特別引人注目的是他們「走在潮流上」且友善的路線，像是善用社群媒體、炫麗的廣告與攝影進行宣傳，或者在國會前拿著麥克風以饒舌和搖滾樂的方式喊口號，成功引起日本與國際關注。

更令人關切的是這群學生上街頭的理由：二〇一四年七月，安倍晉三內閣打算修改憲法中的「集體自衛權」，讓日本從原先「放棄軍武；唯有受到外國武力威脅時，才能自行保衛」的權利，改成「當日本的盟友在國際上有難，或者國際情勢危害到日本的權利、讓日本受到威脅時，則可出兵。」這個法案動搖日本的憲政體制，不僅影響了日本戰後以來數十年的和平主義，更令人擔心是否意味著日本軍國主義的復辟，也有人揣測日本的這一步棋是為了因應東亞日益緊張的局勢。許多體驗過戰爭之苦的中老年人站出來反對，更多未曾經歷這段歷史的年輕人，基於和平與維護民主程序的信念也站出來了。安倍內閣的這個舉動，不只讓人對未來充滿不確定感，也成為回顧日本戰後憲政體制的契機。

## 和平還是自尊？憲法九條的爭辯

一九四五年日本戰敗，盟軍接管日本。以麥克阿瑟將軍為首的美軍不僅改造了日本的體制，也替日本頒布一套新的《日本國憲法》，取代了既有的《大日本帝國憲法》。其中，最著名的是第九條憲法，其中第一條明文寫道：「日本國民衷心謀求基於正義與秩序的國際和平，永久放棄以國權發動的戰爭、武力威脅或武力行使作為解決國際爭端的手段。」第二條則是「基於前一項目的，不再保持陸海空軍與其他戰力，不承認國家的交戰權。」憲法作為國家的根本不但不能輕易動搖，也奠定了這個國家的精神基礎。日本從此放棄了發動及參與戰爭的權利，唯有當日本國受到侵害時，方能行使「集體自衛權」自保。

只是憲法條文中的每一個用字遣詞，都可能有各種詮釋空間。第二次世界大戰結束不久，日本鄰近的朝鮮半島爆發了韓戰，有些人開始擔心戰爭如果蔓延至日本，日本若沒有軍力阻止，後果將不可收拾。但此時日本才剛脫離二戰及美軍佔領的陰霾，不少人秉持著反戰的信念，堅持維護當前的憲法九條。只是隨著日後美日安保法案的簽訂，日本成為美國的同盟，儘管日本最終沒有捲入韓戰的泥淖，卻也埋下日後關於「集體自衛權」各種爭議的種子。

對於憲法九條抱持不同想法的兩個派別也分化為「改憲派」與「護憲派」，前者認為真正的和平應該讓日本「正常化」，而非一味地守護教條式的和平主義；護憲派則組織了「九條會」，成員包含著名思想家鶴見俊輔、小說家大江健三郎、作家小田實等人，他們還在沖繩設立「九條碑」，提醒世人莫忘戰爭的痛苦。這兩派人士不但在憲法議題上立場分歧，遇到其他議題也經常站在光譜的兩端。

## 權力的遊戲：日本政治小史

其實關於日本憲法的爭辯，最早發生於戰後第一任內閣吉田茂的任期。吉田茂的政權是由美軍所扶持，政治立場也不意外地被視為保守派：親美，並且以發展經濟為重。其中保守派還分裂為吉田茂的「自由黨」與鳩山一郎帶領的「日本民主黨」，後者主張要修憲、重整軍備，與改革派的社會黨相對立。

第二次世界大戰結束後，美國選擇不起訴昭和天皇，並且讓日本延續天皇的傳統；然而同時美國也強硬地向日本灌輸了民主主義的意識形態並落實這套制度。不過在此之前，日本也曾有過民主經驗。自從一八六八年明治維新實行君主立憲制度，天皇將權力還給人民，使得內閣首相成為擁有實權的最高元首，第一位當此大位的就是伊藤博文。不過，最初首相人選是由明治維新新政府的功臣向天皇推薦，再由天皇任命。到了大正民主時期，原先僵化的制度抵擋不住自由民主的潮流，原來的任命制「大命降下」改為「憲政之常道」，首相也改由眾議院的黨魁擔任，人民方能間接參與政治。[1]

[1] 在這個階段，日本社會也逐漸開放，這波潮流影響至殖民地，使得政府不再以高壓統治，而是給予相對較多的自由。可惜好景不常，日本很快在關東大地震和經濟蕭條的氛圍下，發生了二二六

戰後美國所維護的體制中，政治制度大抵維持了日本的民主傳統。日本的國會也沿襲戰前的兩院制，只是依照憲法將原先的「貴族院」改為「參議院」，與「眾議院」皆為民選，歷來日本的每一任首相都出身自眾議院，由於眾議院可以中途解散，被認為較參議院更能反映民意。而為了防止歷史的錯誤，出任首相者必須是「文官」，候選人不能與自衛隊有所瓜葛，天皇更無法參與政治決策。

在這個制度下，天皇成為日本國的精神象徵。從昭和天皇開始，天皇除了宣告自己並不是神，也完全退出了政治體制。好比昭和天皇「巡幸」日本各地時，人民不再不敢直視他的眼睛，而是直接用相機拍攝他的尊容；又或者天皇出席了迪士尼樂園開幕式，也與米老鼠大方合照。一九五九年的皇太子明仁迎娶史上首位平民皇后美智子時，民間還產生了一股「美智子炫風」，婦女紛紛搶著模仿美智子皇后最新的打扮。天皇及其家庭除了是神聖的象徵，更像是國民偶像。

當天皇退居政治的第二線，內閣首相成為實際的政治要角。首相的選舉並非經由人民直選，而是由人民在各自選區中選出來的議員，在國會中進行投票選出，也因此

事變並且退出國際聯盟，所謂的民主一下子落入了軍政府的手中。

首相常由多數黨或者聯合政府的黨魁出線。第一位經由新憲法選出來的總理是當時日本社會黨的片山哲，律師出身的他，同時也是改革派社會黨的創始人。只是當時政局混亂，各個政黨對於安保條約、修憲與否以及軍備的議題爭鬧不休，期間更換了好幾次內閣，自由黨的吉田茂又再度掌權，並且連續連任了四次。

直到一九五五年的大選才帶來轉機。此時維護憲法的社會黨內部也分為左右派，他們決定為了對抗保守派而合流，知悉此事的保守派也將原先分裂為兩派的自由黨與民主黨合併，成為「自由民主黨」，獲得三分之二的國會席次，而社會黨則獲得餘下的三分之一，從此形成政治上的安定局面，以及由「自民黨」一黨獨大的兩黨政治。自民黨與各大企業關係良好，天時地利人和，為日本帶來經濟起飛。這樣安穩的狀態一直維持到八〇年代末期，此時的日本不但從泡沫經濟的幻夢中清醒過來，自民黨的政權也開始出現危機，黨內的腐敗與對立再加上經濟的崩毀，執政黨陸續爆出好幾樁貪污案，包括知名人力公司的行賄等等，終於在一九九三年的大選中大敗，連半數席次都拿不到，結束了三十八年來安定的「五五體制」。

五五體制的崩毀宣告了自民黨的神話不再，然而自民黨雖遇到危機，反對黨社會黨也自身難保。一向立場偏左、支持社會主義並維護和平憲法的社會黨，受到九〇年代末期蘇聯與社會主義的崩解所連累，與其他在野黨組織聯合政府。他們先推出新黨黨魁細川護熙，但因聯合政黨之間有些摩擦，後來又由社會黨、自民黨以及先驅新黨的三聯盟推出隸屬社會黨的村山富市擔任首相。[2]村山親和的形象受到人民歡迎，卻在神戶大地震時，因為沒有即時發動自衛隊的救援行動而飽受批評，最終村山不但變成社會黨的最後一任閣揆，社會黨的支持率也自此不斷下滑，再加上該黨漸漸放棄原先護憲的堅持，轉向承認美日安保條約與自衛隊的正當性，再度失去一批支持者。

最後，社會黨於一九九六年宣告解散，改組為「社會民主黨」，勢力不再。幾年後，幾個在野黨又組織了「民主黨」，方才成為另一股能與自民黨抗衡的力量。從此，即便自民黨仍穩坐最大黨的寶座，日本的政治再也不像從前那般能夠輕易預測了。

## 緊張的邊界：是戰爭還是自衛？

除了國內民生與經濟問題，自五五體制瓦解後，外交問題更令日本政府頭痛。八〇年代以來，首相參拜靖國神社衍生的問題就成了東亞陰魂不散的幽靈，包括日本

[2] 其中，細川與村山是日本歷史上少數公開承認日本的戰爭罪行的首相，儘管他們的行為被右翼人士是為「屈辱外交」。

在內，東亞各國的民族主義高漲，連同日本的教科書的書寫或者博物館的敘事，都令日本與鄰國的關係更為緊繃。民族主義也蔓延到實際的領土紛爭，包括與俄羅斯之間的北方四島、與韓國的獨島，以及與中國和台灣之間的釣魚台列嶼、南方海域與中國的爭議。尤其，近年亞洲強權中國正加緊腳步在經濟軍事上展現實力，中日關係儘管經濟上密切地合作，外交卻長期處在不穩定的狀態中，民間的民族主義情緒又往往火上加油；再加上北方的北韓也蠢蠢欲動，不時發布飛彈試射，儘管日本有美國作為靠山，也無法不擔心被捲入戰亂。

或許就是在這樣的潛在威脅下，自民黨長期以來執意推動的修憲議題顯得更加敏感。這一次安倍首相主張即使已有美日安保條約，日本實際出兵仍會受制於許多關卡，因此執政黨主張將「集體自衛權」合法化，根據先前的法律，日本只能在本身遭到攻擊時才能派出「自衛隊」，或者在日本周圍發生戰爭，且有危及日本存亡之秋的時候方能出兵支援。新法試圖改為，只要與日本關係密切的國家，即使不在日本周邊的地區受到武力威脅，一旦可能影響日本國民的安危，日本便可出動自衛隊。如此便擴大了日本能夠出兵的範圍。比方說美國若在中東地區需要支援，日本也能派遣自衛隊至該地。

安倍的主張挑起民眾對於戰爭的反感，也引來國際撻伐。不少民眾聚集在國會前高舉反戰的旗幟，他們認為安倍將讓日本重回法西斯主義，批評政府並未從歷史中學到教訓。日本的社會運動長期氣氛低迷，但在三一一東日本大地震後彷彿找到了一線曙光，人們驚覺到過往所深信、不容懷疑的安定不再可信，對於政府、制度等也更能提出批判。於是公民們紛紛回到街頭，也成為這波反對修法運動的催化劑。向來被視為政治冷感的日本年輕人也紛紛站了出來，他們除了基於反戰的理念反對修法，也反對安倍內閣以不民主的方式試圖「黑箱」通過這個法案。為了不要重蹈七〇年代抗爭過激的覆轍，這群學生採取溫和的方式，例如利用時尚的宣傳海報、搖滾音樂，並善用社群媒體，以求博得支持。

不過，SEALDs的行動未獲大眾支持，甚至還遭受不少批評。他們的行動主要也都登在《朝日新聞》中，卻鮮少見於《產經》、《讀賣》等傳統大報，除了依賴網路之外能見度也有限。此外，也有人以「和平白痴」（平和ボケ）批評他們，指在與現實脫節，缺乏國際安全的了解等狀態下一味高喊著和平。只是這個「和平」又意味著什麼？日本自從戰後以來，大眾習慣了「以和平作為常態」的社會氛圍，除了國勢調查顯示出日本民眾認為「和平」一字最適切於日本社會之外，也頻繁地在日本的國民教育、大眾媒體中出現，但是這個「和平」是否又是從戰爭中的反省覺悟而來，還是單純只是安於現狀，也有人抱持著問號。

但是隨著SEALDs的揭竿而起，確實也讓世界看到日本年輕人不一樣的一面。學生團體的領導者說，這場運動受到前一年台灣三一八學運以及香港雨傘運動的啟發。不過，二〇一五年九月，安倍內閣仍然強行通過新的安保法案，如同一甲子前，安倍晉三的外祖父岸信介的強硬做法，安倍此舉也讓學生與市民的行動元氣大傷。當夏日的學運結束後，SEALDs的成員仍努力想傳承運動的精神，積極與各種市民團體合作或與在野黨結盟、甚者另創組織，然而宛如歷史重演，民眾已漸漸遺忘關於修憲的這場風雨。

## 戰爭，還是和平?

無論是首相拿著麥克風發言，還是街上抗議民眾手中的麥克風，或者坐在宣傳車裡握著麥克風高喊政見的候選人，這個國家的未來仍然掌握在人民的選票裡。在修法仍是媒體焦點時，二〇一六年七月迎來了日本第二十四屆參議員通常選舉，街上佈滿各個候選人的海報與宣傳車。這次選舉令人矚目的是，首次將選舉年齡下修為十八歲，而在野黨民主黨也與維新黨聯盟改名為「民進黨」，在這樣新鮮的政治版圖下，修憲議題再度浮上檯面。

只是，以安倍為首的自民黨這次不打修憲的口號，反而打出人民最在意的牌：經濟。安倍先前提出的「安倍經濟學」雖然被經濟學者認定失敗，但仍有不少民眾感到日本整體的景氣好轉了。最終，選舉的結果顯示安倍陣營大勝，自民黨獲得一百二十一個席次，與自民黨聯合的公民黨拿了二十五席，而最大的在野黨民進黨儘管相較於先前有些進步，仍然只拿下四十九席，自民黨政府成功跨過修憲的門檻，修憲一蹴可幾。

這樣的投票結果也顯示，儘管SEALDs活動沸沸揚揚，但年輕人投給保守派的比例依然很高，整體投票率也一如往常的低，只有一半左右的選民出來投票。終於，大勢已去，SEALDs也在八月十五「終戰日」的這一天宣布解散，期望成員們可以在各地繼續努力。即使SEALDs的解散或許在部分人眼裡是日本新世代學運的殞落，然而誠如政治學者清水唯一朗所言，不少統計數據顯示日本仍有超過一半的年輕人表示對政治關心，然而他們的政治參與不一定是在永田町前高喊和平的口號，而是投入了地方營造、婦女團體等組織進行公共參與。即使他們沒有站在學運的舞台上，不代表他們對於日本的社會與未來漠不關心，也不代表日本的未來就缺乏希望。

不過爭辯了七十餘年的憲法九條已經達到修憲門檻，今後日本究竟會走向戰爭的路線，還是維護和平？當日本政府尚未有進一步動作前，遠在太平洋另一端的美國突然殺出了川普總統這個程咬金，令日本在內的各國不知所措。選前川普高喊著美國作為世界警察總是讓日本等國家「搭便車」，若不向這些國家收取保護費便揚言撤軍。為了防止東亞局面崩壞，安倍首相在川普當選隔天立即與這位準總統會面，以確保美日關係與東亞局面的安穩。在那之後，安倍也預計再度訪美，但他的目的地不是華府而是夏威夷，成為第一位前往珍珠港的日本首相，儘管安倍強調他的目的是「慰靈」而非謝罪。[3]然而歷史總是不停重複，若將來再度遇到歷史的轉折點，日本，會選擇戰爭還是和平？

[3] 一九四一年十二月七日，在山本五十六的率領下，日本偷襲了位於夏威夷的珍珠港，對美軍造成重創，史稱珍珠港事件。在此之前，美國一直秉持孤立主義，保持不參與大戰的態度，但在珍珠港事變之後，美國便對軸心國宣戰，扭轉了大戰的局勢。也因此，日相前往珍珠港，在政治上或歷史上，都具有特別的意義。

# 結語　一九四五之後

本書試圖譜出一九四五年以後，日本發生的重大事件。儘管各個主題當中多少也溯及了更早的歷史，不過大致上符合日本社會對於「戰後」一詞的定義。二戰後的日本彷彿煥然一新地重生，這期間經歷過不少戲劇性的轉折，並且一路影響到今天的現代社會。

二〇一五年適逢日本「戰後」或者「終戰」七十週年，對於戰爭的論述、記憶也有一系列的討論，各大電視台都拍攝了許多日本的戰爭經驗，引起各方注意，也讓人好奇：日本如何面對戰爭以及戰爭後的歷史發展？

其中，最引人注目的一個問題是：「何時才不是戰後？戰後是否有結束的一天？」對此，早在一九五六年，日本經濟白書就曾宣稱「已經不是戰後了」；此外也有人提出二〇一一年的三一一東日本大地震可謂戰後時期的結尾；而學界對於「戰後」也有為數可觀的討論，美國歷史學者Carol Gluck認為在不同脈絡下，日本存在著好幾個「戰後」意識相互牽連，而這個「漫長的戰後」則是基於日本和平、民主、繁榮等政治目標，她認為隨著八、九〇年代各種價值的崩壞，第二個千禧年可以作為戰後一個階段性的結束。社會學與文化研究學者吉見俊哉則是將戰後至當今這段區間，再細分為「戰後」以及「後戰後」，其分隔點在七〇年代前中期，當時日本社會有不少轉折與變化，比方從冷戰到後冷戰、福利國家邁向新自由主義等趨勢。

日本的學界與文藝界也出版了許多討論戰後的書，其中文藝評論家加藤典洋寫了一本《戰後入門》。加藤提出，從日本戰敗已經過了七十年，而戰後仍然充滿各種問題，是由於「戰後」尚未結束。加藤從第一次世界大戰以後世界史的觀點討論憲法九條以及日本對於美國的從屬姿態，與其「護憲」，加藤提出應該要修改憲法九條的內容，並且讓美軍基地從日本撤除，日本才方能為「戰後」劃下休止符。思想史學者白井聰也於同年出版《永續敗戰論》，並且批判日本由於否認戰敗的事實，所以無止境地堅守從屬於美國的立場，藉此逃避承認戰敗的責任。此舉不僅導致日本國家主體性不完整，也讓日本無法逃離「永續戰敗」的陰影，難以擺脫「戰後」的狀態。

另一方面，戰爭也劃清了日本與殖民地與佔領地的關係，從此分道揚鑣。脫離了日本殖民的朝鮮半島很快地陷入意識形態的對立，後於一九五〇年爆發了韓戰，這場歷時三年的戰爭最後簽署了停戰協議，在北緯三十八度劃下一道分裂國家的邊界。戰爭結束後的南韓落入獨裁政權的專制統治，卻也在這段期間跟上國際市場，進入經濟的成長期，而後於至一九八〇年爆發了光州事件，韓國正式民主化，並且在經歷金融危機、南北韓危機等等險阻之後，成為現在我們眼中的韓國。

而二戰中與日本作戰的中國，也在一九四五年後陷入國民政府與共產黨的內戰，最終於一九四九年宣告了蔣介石國民政府的落敗，中華民國撤退至台灣。中國先後經歷了大躍進、文化大革命，直到一九七八年改革開放，以前所未有的速度發展經濟。而台灣在國民政府的體制下，與韓國有十分相似的經歷。我們同樣也經歷過專制獨裁，走過白色恐怖與經濟蓬勃發展的歷史。經過長期的努力與黨外抗爭，累積了巨大的社會能量後，終於在一九八七年解嚴，至今仍然捍衛著得來不易的民主。

無論是戰後的台灣、中國、韓國，或者世界上各個地方，都走過一段無可取代的歷程。而一九四五年以後的日本具備多重的意義，就歷史而言，日本也確實寫下了精彩的一頁：從戰敗中的灰燼中重生，一路經過各種興衰，直到今天持續面對各種挑戰與社會問題。這本書由此時期切入，主旨並不在於強調這段歷史相較其他時期更為關鍵，而是因為相較之下，它與生活在今天的我們最為息息相關。同時，本書也無意提出另一個關於「戰後」的定義，而是希望能提供更多元的視角，讓人們可以同時從政治、文化，以及更多的角度去觀看這段歷史發展。

# 圖片來源

頁32-33，**零式戰機**：Toomore Chiang
https://www.flickr.com/photos/toomore/30864234342/in/photolist-P2ngzq-NVS3vg

頁52-53，**扶桑花**：juemi
https://cdn.pixabay.com/photo/2016/08/10/12/21/hibiscus-1583078_960_720.jpg

頁68-69，**燒肉**：羽諾 諾咪
https://www.flickr.com/photos/noya59629/30004801590

頁90-91，**電車**：Takeshi Kuboki
https://www.flickr.com/photos/kuboki/4112497562/in/photolist-7gpCfo-q8zquZ-djy31t-qSQ2ij-djy6wA-djxU1Z-
pn12c9-djxTyQ-djy3UU-djy1Hu-ec8R7F-cRsotf-pBseNG-e2GgRE-7gkFNH-djy353-djxVAM-djy2eV-obzvLn-pD-
t4ho-djxVRC-ebLibg-djxUEn-e2Ghvw-djy5Pt-iLkHYM-6cbUnR-rfdBqD-djxUpc-nqhteQ-e2ACJz-4hbFdQ-djxUWB-
djy2u3-bV6mEp-pDuYnn-7gpBwf-djxYQq-djxXsC-6bYEHM-iLn5B6-8vQ6zM-djxXej-djy69o-7y7Uhn-djxYhR-
c9wtHY-buSaYr-c9wsuy-ySsY

頁120-121，**頭盔**：https://matome.naver.jp/odai/2135989458419210101/2135989908720161403

頁144-145，**汽車**：Riley
https://www.flickr.com/photos/nzcarfreak/27067359982/in/photolist-ahArwo-mLqs6R-ahxEXM-r465w5-r2kj8G-
r4fBuT-rgyr8u-bA9FwW-bqbtwi-bfRn3Z-CWdkd7-PFike3-MHpAjx-r2km5C-HeRi7o

頁158-159，**模型**：Tranpan23

https://www.flickr.com/photos/tororomn/8707171581/in/album-72157633875686599/

頁172-173，**櫻花**：musume miyuki

https://www.flickr.com/photos/ichihara-hanpu/7076392661/

頁214-215，**房間**：Luca Sartoni

https://www.flickr.com/photos/lucasartoni/5719531148

頁234-235，**生魚片**：挪威企鵝

https://goo.gl/LefsEb

頁250-251，**麥克風**：原始圖片來源：midorisyu

https://goo.gl/i8kJV8

＊書中圖片此處未標示來源者，圖片為自攝、無需註明來源或已取得授權。

Do歷史82 PC0599

# 微物誌
## ——現代日本的15則物語

**作　　者**／蔡曉林
**責任編輯**／鄭伊庭
**圖文排版**／楊家齊
**封面設計**／蔡瑋筠

**發 行 人**／宋政坤
**出　　版**／獨立作家
地址：114 台北市內湖區瑞光路76巷65號1樓
電話：+886-2-2796-3638　傳真：+886-2-2796-1377
服務信箱：service@showwe.com.tw
http://www.bodbooks.com.tw
**印　　製**／秀威資訊科技股份有限公司
http://www.showwe.com.tw
**展售門市**／國家書店【松江門市】
地址：104 台北市中山區松江路209號1樓
電話：+886-2-2518-0207　傳真：+886-2-2518-0778
**網路訂購**／http://www.govbooks.com.tw
**法律顧問**／毛國樑　律師
**總 經 銷**／時報文化出版企業股份有限公司
地址：333桃園縣龜山鄉萬壽路2段351號
電話：+886-2-2306-6842

**出版日期**／2017年2月　BOD一版　**定價**／300元
2017年12月　二刷

|獨立|作家|
Independent Author

**寫自己的故事，唱自己的歌**

微物誌：現代日本的15則物語 / 蔡曉林著. -- 一版. -- 臺北市：獨立作家, 2017.02
面；　公分. -- (Do歷史；82)
BOD版
ISBN 978-986-94308-2-1(平裝)

1. 文化史 2. 生活史 3. 日本

731.3　　106000764

國家圖書館出版品預行編目

# 讀者回函卡

感謝您購買本書，為提升服務品質，請填妥以下資料，將讀者回函卡直接寄回或傳真本公司，收到您的寶貴意見後，我們會收藏記錄及檢討，謝謝！

如您需要了解本公司最新出版書目、購書優惠或企劃活動，歡迎您上網查詢或下載相關資料：http:// www.showwe.com.tw

您購買的書名：＿＿＿＿＿＿＿＿＿＿＿＿＿＿＿＿＿＿＿＿

出生日期：＿＿＿＿＿年＿＿＿＿＿月＿＿＿＿＿日

學歷：□高中（含）以下　□大專　□研究所（含）以上

職業：□製造業　□金融業　□資訊業　□軍警　□傳播業　□自由業

□服務業　□公務員　□教職　□學生　□家管　□其它＿＿＿

購書地點：□網路書店　□實體書店　□書展　□郵購　□贈閱　□其他

您從何得知本書的消息？

□網路書店　□實體書店　□網路搜尋　□電子報　□書訊　□雜誌

□傳播媒體　□親友推薦　□網站推薦　□部落格　□其他＿＿＿＿＿＿

您對本書的評價：（請填代號　1.非常滿意　2.滿意　3.尚可　4.再改進）

封面設計＿＿＿　版面編排＿＿＿　內容＿＿＿　文／譯筆＿＿＿　價格＿＿＿

讀完書後您覺得：

□很有收穫　□有收穫　□收穫不多　□沒收穫

對我們的建議：＿＿＿＿＿＿＿＿＿＿＿＿＿＿＿＿＿＿＿＿

＿＿＿＿＿＿＿＿＿＿＿＿＿＿＿＿＿＿＿＿＿＿＿＿＿＿

＿＿＿＿＿＿＿＿＿＿＿＿＿＿＿＿＿＿＿＿＿＿＿＿＿＿

＿＿＿＿＿＿＿＿＿＿＿＿＿＿＿＿＿＿＿＿＿＿＿＿＿＿

請貼
郵票

11466
台北市內湖區瑞光路 76 巷 65 號 1 樓
**獨立作家讀者服務部** 收

（請沿線對折寄回，謝謝！）

姓　　名：＿＿＿＿＿＿＿＿　年齡：＿＿＿＿　性別：□女　□男

郵遞區號：□□□□□

地　　址：＿＿＿＿＿＿＿＿＿＿＿＿＿＿＿＿

聯絡電話：（日）＿＿＿＿＿＿＿＿（夜）＿＿＿＿＿＿＿＿

E-mail：＿＿＿＿＿＿＿＿＿＿＿＿＿＿＿＿